Hans Müller

Der Longebardenkrieg auf Cypern 1229-1233

Mit besonderer Berücksichtigung der Gestes des Chiprois des Phelippe de Novaire

Hans Müller

Der Longebardenkrieg auf Cypern 1229-1233
Mit besonderer Berücksichtigung der Gestes des Chiprois des Phelippe de Novaire

ISBN/EAN: 9783743423619

Hergestellt in Europa, USA, Kanada, Australien, Japan

Cover: Foto ©Thomas Meinert / pixelio.de

Manufactured and distributed by brebook publishing software
(www.brebook.com)

Hans Müller

Der Longebardenkrieg auf Cypern 1229-1233

Der Longebardenkrieg auf Cypern 1229 — 1233.

Mit besonderer Berücksichtigung der Gestes des Chiprois des Phelippe de Novaire.

Inaugural-Dissertation

zur

Erlangung der philosophischen Doktorwürde

der

Hohen Philosophischen Fakultät

der

Kgl. Preussischen vereinigten Friedrichs-Universität Halle-Wittenberg

vorgelegt von

Hans Müller
aus Halle a. S.

Halle a. S.
Hofbuchdruckerei von C. A. Kaemmerer & Co.
1890.

Avunculo suo dilectissimo

Francisco Hanf

hoce opusculum

pio gratoque animo

consecrat

auctor.

Einleitung.

Ueber die Ereignisse, mit denen sich die nachfolgenden Blätter beschäftigen, besassen wir bisher ausser den Urknden und den einschlagenden Partien in den „Assisen von Jerusalem"*) drei grössere fortlaufende Quellen**): Die Historia de Cipro,. des Florio; Bustron und die Chronique d'Amadi, beide in italienischer Sprache und sehr ausführlich, daneben den gedrängten Bericht des Continuateur de Guillaume de Tyr in altfranzösischer Sprache. Auf diesen beruht die Darstellung des betreffenden Abschnittes in der grundlegenden Histoire de l'île de Chypre sous le règne des princes de la maison de Lusignan vom Grafen de Mas Latrie, Paris 1861, tom I., Cap. XI.

Seit der Veröffentlichung dieses Werkes ist nun aber noch eine vierte Quelle hinzugekommen, nämlich die Estoire de la guerre qui fu entre l'empereor Frederic et Johan d'Ibelin von Philippe de Novaire,***) einem Theilnehmer jener

---

*) Ueber die Quellen cf. Franz v. Löher: „Kaiser Friedrich II., Kampf um Cypern" p. 113 und p. 137 f. Anmerk. 1, in den Abhandlungen der historischen Klasse der Königlich Bayrischen Akademie der Wissenschaften, Bd. XIV. München 1879. Auch Röhricht, Beiträge zur Geschichte der Kreuzzüge, Berlin 1878, II, p. 264 ff. giebt eine gedrängte Uebersicht jener Kämpfe.

**) „Leider sind die anderen Quellen, die Annales Januenses, Marinus Sanutus, die Annales Colonienses maximi, das Chronicon Siculum breve, gar zu dürftig." v. Löher a. a. O. p. 138 Anmerk.

***) Man schrieb bisher Navarre (Novaire, Nevaire) und nahm an, dass Philipp de Navarre aus der gleichnamigen Landschaft in den Pyrenäen stammte. Ganz neuerdings aber hat Gaston Paris in einem

Kämpfe, in den „Gestes des Chiprois". Schon Graf Beugnot hatte in seiner „Notice sur la vie et sur les écrits de Philippe de Navarre" (in der Bibliothèque de l'école des chartes, Paris 1840/41, tom X, p. 17) die Ueberzeugung ausgesprochen, dass dieses historische Werk des durch seine juristischen, poëtischen und philosophischen Schriften so berühmt gewordenen Autors noch irgendwo vorhanden sein müsse, sei es in den Archiven Venedigs, sei es auf Cypern selbst, und diese Hoffnung ist neuerdings in Erfüllung gegangen, indem ein gelehrter Sammler. Karlo Perrin das Manuskript vor einigen Jahren in Piemont wieder aufgefunden und kopiert hat, wie der Herausgeber desselben, Gaston Raynaud in der Vorrede bemerkt.*)

Die Erwartungen freilich, die man darauf gesetzt hatte, erweisen sich bei näherer Betrachtung als ziemlich illusorisch, da die Schrift in Bezug auf die geschichtlichen Angaben nur äusserst wenig enthält, was uns nicht schon aus den italienischen Chronisten bekannt wäre, die beide für diesen Teil ihrer Erzählung Novaires Bericht zu Grunde gelegt haben. Florio Bustron äussert sich darüber in der Einleitung seiner Chronik kurz folgendermassen: „Ho poi trovato particolarmente i Gesti di Ciprioti in francese, scritti da Filippo de Navara, huomo universale, et il quale intervenne in molti fatti, et di guerra et di patti di pace."**) Auch eine oberflächliche Vergleichung ergiebt bald, dass Florio Bustron seine Quelle sehr

kurzen Aufsatze in der Zeitschrift Romania, tome XIX, p. 99 ff. aus 2 Stellen der Gestes des Chiprois nachgewiesen, dass derselbe nicht aus Navarra, sondern aus Novara (lat. Novaria) in der Lombardei stammt, und kurz zuvor hatte ein junger deutscher Historiker, Paul Richter in seiner Abhandlung „Beiträge zur Historiographie in den Kreuzfahrerstaaten etc." Berlin 1890, p. 9 dieselbe Vermutung ausgesprochen, ohne jedoch völlige Gewissheit darüber erlangt zu haben.

*) Les Gestes des Chiprois, Recueil de chroniques françaises etc. publié pour la Société de l'Orient Latin, Genève 1887. — Der Herausgeber unterlässt es leider näher anzugeben, an welchem Orte in Piemont das Manuscript entdeckt worden ist und wo es sich jetzt befindet.

**) Florio Bustron publié par de Mas Latrie in den Mélanges historiques, tome V, Paris 1886.

reichlich benutzt, ja förmlich ausgeschrieben hat; er stimmt an vielen Stellen wörtlich mit Novaire überein, enthält nur wenig taktische Angaben, die sich nicht auch bei diesem finden und unterscheidet sich am meisten durch die Weglassungen, namentlich der poetischen Partien, welche jener seiner Erzählung eingeflochten hat, sowie durch die langen, wohlgefügten Reden, die er den handelnden Personen, nach Art der antiken Historiker, in den Mund legt. Nicht viel anders soll sich die Chronique d'Amadi zu Novaire verhalten deren Verfasser diesen gleichfalls häufig wörtlich übersetzt hat, wie Raynaud in der Vorrede zu den Gestes etc. angiebt.*) Von den beiden Chronisten dürfte, soweit wir dies nach de Mas Latrins Angaben beurteilen können, Amadi vor Florio Bustron den Vorzug verdienen, da jener ihn in dem betreffenden Abschnitte häufig als alleinigen Gewährsmann anführt, Florio Bustron aber fast immer nur zusammen mit Amadi.

Doch auch über das altfranzösische Original kann unser Urteil hinsichtlich seines spezifisch historischen Wertes nur sehr bedingt zu seinem Gunsten ausfallen. Müssen wir dabei auch den äusserst inkorrekten und lückenhaften Zustand berücksichtigen, in welchem uns das Werk überliefert worden ist, so genügt doch das Gebotene vollkommen, um es vom modernen Standpunkt aus als ein nur mittelmässiges Geistesprodukt erkennen zu lassen. In der Darstellung vermisst man Klarheit und Sorgfalt nur allzu oft; wichtige Ereignisse werden ganz übergangen oder nur flüchtig angedeutet, andere

---

*) Raynaud a. a. O. préf. p. XIX: „Un autre historien de Chypre un peu antérieur, dont l'ouvrage, écrit de même en italien, est connu sous le nom de Chronique d'Amadi, a fait aussi de nombreux emprunts à notre texte, qu'il traduit parfois presque littéralement." Die Chronique d'Amadi war uns leider nicht zugänglich, da sie bisher nur handschriftlich auf der Markusbibliothek zu Venedig und in einer modernen Abschrift auf der Nationalbibliothek zu Paris vorliegt. Doch bereitet de Mas Latrie, nach Raynauds Angaben (a. a. O. p. XX.) ihre Herausgabe vor. Wir haben uns daher hinsichtlich dieser Quelle nur auf seine Mitteilungen in der histoire de Chypre beziehen können.

an unrichtiger Stelle mitgeteilt und manche unwesentlichen Vorgänge wieder gar zu ausführlich behandelt. Besonders misslich steht es um die Zeitbestimmungen; diese werden in der Regel gar nicht berücksichtigt oder sie bewegen sich in allgemeinen Ausdrücken; bestimmte Angaben nach Monaten und Tagen finden sich in dem betreffenden Abschnitt nur ganz vereinzelt. Indessen die erwähnten Mängel, wie gross sie auch immer sein mögen, lassen sich doch mehr oder minder entschuldigen mit der allgemeinen niedrigen Bildungsstufe und dem mangelhaften wissenschaftlichen Verständnis der damaligen Zeit; was aber weit schwerer zu Ungunsten des Verfassers in die Wagschale fällt, das ist die starke Parteilichkeit und Befangenheit, die sich in seiner Darstellung fast auf jeder Seite kund giebt. Er erklärt zwar in seiner kurzen Vorrede (c. 97) ausdrücklich, dass er, „der in dem Kriege zwischen Kaiser Friedrich und Herrn Johann von Ibelin an allen Ereignissen und Beratungen teilgenommen", streng die Wahrheit berichten wolle, und eine absichtliche Entstellung oder gar Fälschung der Tatsachen mag ihm auch fern gelegen haben,*) aber schon allein der Umstand, dass er als einer der eifrigsten Anhänger Ibelins auf das entschiedenste die Pläne und Unternehmungen Kaiser Friedrichs im Orient bekämpft hat, muss uns mit Misstrauen gegen seine Darstellung erfüllen, und dies wird durch eine nähere Betrachtung durchaus bestätigt. Auch seine grosse Eitelkeit und das daraus hervorgehende Bestreben seine Person überall in den Vordergrund zu stellen, trägt nicht dazu bei unser Urteil über ihn in dieser Hinsicht günstiger zu stimmen. Um es mit einem Wort zu sagen, sein Bericht erweist sich als eine antikaiserliche Tendenzschrift, welche uns die Tatsachen nur in ganz einseitigem Lichte sehen lässt, und deshalb können wir ihr, trotzdem der Verfasser als Teilnehmer berichtet, auch nur einen sekundären Wert beilegen. Dass es in dieser Hinsicht mit den beiden italienischen Chronisten, die ihn blindlings aus-

---

*) Für ein solches Beispiel führt Richter a. a. O. p. 25 f. den Nachweis.

schrieben, um kein Haar besser steht, braucht kaum noch besonders erwähnt zu werden. Ungleich günstiger steht es dagegen mit dem Berichte des Continuateur de Guil. de Tyr, und zwar in der Redaktion, welche uns in der „Estoire de Eracles empereur" (im Recueil des historiens des croisades, histor. occid. tom. II. Paris 1859) vorliegt. Allerdings stellt auch dieser Geschichtsschreiber als Franzose die Ereignisse vom französischen Standpunkt aus dar, aber er enthält sich aller persönlichen und polemischen Aeusserungen und beschränkt sich auf die nackten Thatsachen, die er in kurzer, nüchterner und übersichtlicher Weise uns vor die Augen führt, so dass wir nirgends den Zusammenhang verlieren oder über die Reihenfolge im Unklaren bleiben, wie dies bei Novaire so häufig der Fall ist. Der Wert seiner Mitteilungen wird durch eine genaue, sorgfältige Chronologie ungemein erhöht, für welche wir hinsichtlich der behandelten Periode fast aus ausschliesslich auf seine Angaben angewiesen sind. Er muss daher für jene Ereignisse durchaus als leitende Quelle angesehen werden, zu welcher dann die Memoiren Novaires willkommene Ergänzungen bieten.

Die hier behandelte Episode schien uns aus dem doppelten Grunde zu einer Monographie nicht ungeeignet, weil Philipp de Novaire in seinem Geschichtswerk einen vollständig in sich abgeschlossenen Bericht davon giebt, der hier zum ersten Male zur Verwertung kommt, und dann gerade dieser Teil der mittelalterlichen Geschichte Cyperns für uns Deutsche ein spezielles Interesse bietet. Es ist dabei unser Bestreben gewesen diejenigen Partien ausführlicher zu behandeln, über welche Novaires Mitteilungen neues Licht verbreiten, hingegen uns überall da möglichster Kürze zu befleissigen, wo zu de Mas Latries Darstellung nichts wesentliches hinzuzufügen war. Der oben citierte Aufsatz des Herrn Professor v. Löher in München, der übrigens einen weit grösseren Zeitraum (1228—44) umfasst, als der von uns behandelte, kam uns erst nach Vollendung vorliegender Diatribe zu Gesicht. Wenn wir nun auch den Ansichten des verdienten deutschen Gelehrten nicht überall unbedingt beistimmen konnten, so sind wir doch durch seine geistvolle Arbeit noch zu mancherlei Zusätzen und Änderungen veranlasst worden, die der unsrigen, wie wir hoffen, nicht zum Nachteil gereicht haben. Indem wir für die näheren Begründungen auf die nachfolgenden Blätter verweisen, haben wir zum Schluss noch die angenehme Pflicht dem hiesigen Romanisten, Herrn Professor Dr. Suchier für seine gütigen Ratschläge und Mitteilungen öffentlich unseren wärmsten Dank auszusprechen.

Erste Periode.

Von der Abreise Kaiser Friedrichs II. von Cypern nach Europa bis zur Übergabe von Dieudamour, Mai 1229 — Mai 1230.

König Hugo I. von Cypern (reg. 1205—1218) hinterliess bei seinem frühen Tode die Krone einem erst neun Monate alten Söhnlein, dem nachmaligen Könige Heinrich I. Seine verwittwete Gattin, Alix von Champagne, übertrug daher für ihren minderjährigen Sohn die Regierung ihren beiden Oheimen Philipp und Johann von Ibelin, Herrn von Beirut (Berytos, Baruth), die sowohl auf Cypern wie in Syrien reich begütert waren und mit zu den mächtigsten Baronen in beiden Königreichen gehörten*). Ihre an sich schon hervorragende Stellung erhielt durch diese neue Würde eine erhöhte Bedeutung, und da sie von ihrer königlichen Machtfülle einen sehr umfassenden Gebrauch machten, und dabei mehr auf ihren eigenen Vorteil als auf den des Landes bedacht waren**), so konnte es auf die Dauer nicht ausbleiben, dass ihnen unter den Grossen des Reiches einzelne Neider und Nebenbuhler erwuchsen, die nicht gewillt waren eine jenen untergeordnete

---
*) cf. de Mas Latrie, hist. de Chypre tom. I Cap. IX, p. 197 ff. Mit dem Tode Hugos I. beginnt die Erzählung bei Novaire in „Les Gestes etc." C. 98, p. 27.
**) Die Belegstellen bei v. Löher a. a. O. p. 123.

Stellung einzunehmen. Namentlich waren es fünf angesehene cyprische Barone, die sich zu einem festen Bunde vereinigten, um die allzu selbständige Herrschaft der Ibelins zu brechen *). Der Führer und die Seele dieser Vereinigung war Amalrich (auch Kamerino genannt) Barlas, — nach Philipp de Novaire, Heymery Barlais — von einer seit den Kreuzzügen nach dem Orient übergesiedelten Familie aus Poitou abstammend; ihm schloss sich an sein Vetter Amalrich de Bethsan und Wilhelm de Rivet, einem der französischen Geschlechter Syriens angehörig, ferner Gauvain de Chenichy, von den italienischen Chronisten Gavano de Rossi genannt, endlich Hugo de Giblet, mütterlicherseits mit den Ibelins verwandt. Zur Durchführung ihrer Pläne setzten sie sich mit Friedrich II. in Verbindung, den sie vor seinem beabsichtigten Kreuzzuge im Voraus gegen Johann von Ibelin — sein Bruder Philipp war inzwischen 1227 gestorben — einzunehmen suchten, indem ihr Abgesandter Gauvain de Chenichy diesen als einen ehrgeizigen und habsüchtigen Menschen, ja als einen persönlichen Feind des Kaisers darstellen musste**. Friedrich zeigte sich solchen Einflüsterungen um so geneigter als er selbst schon berechtigte Ansprüche auf die Oberlehnsherrlichkeit Cyperns und die Vormundschaft des jungen Königs zu haben glaubte, weil König Amalrich I. von Cypern im Jahre 1195 von seinem Vater, Kaiser Heinrich VI. den Königstitel erbeten und erhalten hatte ***). Sobald er daher auf seiner Kreuzfahrt nach Cypern kam, (im Juli 1228), bewog er die cypriotischen Magnaten ihn als Oberlehnsherrn der Insel anzuerkennen. Als solcher entzog er Ibelin die Regentschaft, sowie die Aufsicht über die

---

*) D. M. L. a. a. O. I, C. X, p. 229 f., Ph. d. N. C. 111, p. 31., v. Löher p. 116.
**) v. Löher p. 118.
***) Amalrichs Krönung fand 1197 zu Nikosia, in Vertretung des deutschen Kaisers durch Konrad, dem Bischof von Hildesheim, statt; d. M. L. I p. 126 ff., v. Löher p. 112.

Person des unmündigen Königs und setzte (im Frühjahr 1229) gegen eine jährliche Pachtsumme von 10 000 Mark Silber*) die fünf genannten Barone als seine Stellvertreter ein, die während seiner Abwesenheit auf drei Jahre bis zur Grossjährigkeit des Königs die Vormundschaft und Regierung führen, sowie die Einkünfte des Landes beziehen sollten**).

Durch diesen Vertrag konnten sich die fünf Barone nach dem Weggange des Kaisers als rechtmässige und unumschränkte Herren des Landes betrachten; nur die Festungen der Insel, welche Friedrich mit kaiserlichen Besatzungen versehen hatte, sollten ihnen erst nach Erlegung eines Teiles jener Summe in der Höhe von 3000 Mark übergeben werden.

Um sich ihrer Verpflichtung möglichst schnell zu entledigen, schrieben die fünf Barone eine ausserordentliche Steuer aus und belegten die Ernten und das Vieh aller Feudalherrn, die sich mit Johann von Ibelin ausser Landes in Syrien befanden, weil sie die Zahlung verweigerten, mit

---

*) So nach v. Löher p. 134 Anmerk. 1: „Die Regel war in solchen Fällen, dass eine jährliche Pachtsumme festgesetzt wurde".

**) Mit 15 Jahren wurde der König nach den überseeischen Bräuchen mündig, nach den „germanischen Gewohnheiten" jedoch erst mit 25 Jahren. Ibelin und seine Freunde hegten daher die Besorgnis, dass jener Termin von den Kaiserlichen um 10 Jahr verlängert werden möchte; E. v. Löher p. 127 Anm. „In der Tat nahm der Kaiser seine Regentschaft über Cypern auch noch nach dem 15. Lebensjahre seines Mündels in Anspruch. Mit welchem Rechte hätte sonst sein Marschall Felingher Cypern nach der Schlacht bei Casal Imbert erobern dürfen?" — Flor. Bust. p. 73 sagt geradezu: l' imperatore dette in appalto el governo, el regno et entrade de Cipro, per fin che il re venitte all età de anno XXV, a cinque persone chiamate baiuli, cioè Camerino Barlas etc. —, p. 91 aber giebt er das 15. Jahr für seine Mündigkeit an. Ph. d. Nov. C. 139 sagt nur: lor vendy le baillage de Chipre et la terre por X. mille mars, jusque à l'age dou dit roy de Chipre. Dass er aber ebenfalls das 15. Jahr damit meint, ergiebt sich aus C. 181, welches mit den Worten beginnt: Le roy Henry de Chipre ot XV. ans conplis et pot donner et faire son plaisir come seignor d'age.

Beschlag. An einen ernstlichen Widerstand von Seiten der Cyprioten war für den Augenblick nicht zu denken, denn abgesehen von der Abwesenheit Ibelins und seiner Anhänger, sahen sich die Vertreter des Kaisers, oder, wie sie amtlich hiessen, die Baile, im Besitze einer ansehnlichen Truppenmacht. Ausser ihren eigenen einheimischen und ausländischen Mannen hatte ihnen der Kaiser noch beträchtliche Streitkräfte hinterlassen, deren Hauptbestandteil deutsche, flämische und longebardische Söldner bildeten. Wahrscheinlich überwogen die letzteren an Zahl, weshalb alle Kaiserlichen kurz die Longebarden genannt wurden, wovon dann auch der ganze Krieg, der sich bald nach der Abreise des Kaisers zwischen seiner Partei und den Anhängern Ibelins entspinnen sollte, seine Benennung erhielt *).

Die Baile hätten natürlich einen vorteilhaften, aber friedlichen Vergleich mit Ibelin einem offenen Kriege, wie er bei dessen Rückkehr in sicherer Aussicht stand, entschieden vorgezogen und in dieser Absicht wandten sie sich vertraulich an Philipp de Novaire, der damals zufällig in Privatangelegenheiten auf der Insel verweilte, und ersuchten ihn, als den intimen Freund und Vertrauten des Herrn von Beirut, den Frieden zwischen diesem und ihnen zu vermitteln. Sie gaben dabei an, dass sie nur in der Absicht mit dem Kaiser einen Vertrag geschlossen hätten, um das Land und den jungen König aus seinen Händen zu befreien; sobald sie noch in den Besitz der Festungen gelangt wären, würden sie gern alle möglichen Rücksichten auf die Wünsche Ibelins nehmen. Philipp de Novaire, „der", um mit seinen eigenen Worten zu reden, „die milden, friedlichen Gesinnungen seines Gebieters

---

*) Nach den Mitteilungen von Gaston Paris in seinem bereits erwähnten Aufsatze über Phil. de Novaire haben wir statt der bisher üblichen Schreibweise „Lombarden" überall „Longebarden geschrieben. Seine bezüglichen Worte lauten p. 100: les Lombars, dans l'usage français des XIIe et XIIIe siècles, sont les habitants du norde de l'Italie, de la Lombardie, les Longuebars sont exclusivement ceux de la Pouille et de la Sicile etc.

hinlänglich kannte" sagte bereitwillig seine Mitwirkung zu, unter der Bedingung, dass, falls die Verhandlungen ohne Ergebnis blieben, ihm und seinem Gefolge freies Geleit nach Beirut oder Akkon zugesichert würde. Da ihm dies die Barone feierlich versprachen, so setzte er sich alsbald mit dem Herrn von Beirut in Verbindung und erlangte von ihm leicht die Zustimmung zu allen seinen Vorschlägen.

Bald darauf, nachdem die Baile in den Besitz der Festungen gelangt waren, wodurch sie sich in ihrer Stellung weit gesicherter fühlten, beriefen sie eine Haute Cour (oberster Gerichtshof) nach Nikosia, um hier in Gegenwart des jungen Königs persönlich mit Novaire zu verhandeln. Dieser, im Vertrauen auf ihren Eid, leistete der Einladung pünktlich Folge. Als alle Geladenen versammelt waren, erhob sich einer der fünf Baile, Wilhelm de Rivet, ein gewandter Redner, von seinem Platze und eröffnete die Sitzung mit einer längeren Ansprache. Unter anderem führte er aus, dass der Herr von Beirut durch eigene Schuld seine Ansprüche auf die Regentschaft und die Person des Königs verwirkt habe und sie statt seiner vom Kaiser gegen eine Kaufsumme damit belehnt worden seien; sie forderten deshalb alle Anwesenden auf, ihnen als den rechtmässigen Regenten den Eid der Treue zu leisten. Das Evangelium wurde gebracht und Amalrich Barlas ersuchte Novaire ihnen als der erste Treue zu schwören. Seine Bitte, ihm zuvor eine geheime Unterredung mit den fünf Bailen zu gestatten, wiesen sie unter dem Vorwande des Zeitmangels zurück, dagegen machen sie ihm im Falle seiner Willfährigkeit grosse Versprechungen: Sie wollten seine Lehnsgüter ansehnlich vermehren, seine Schulden bezahlen und ihm hohe Würden verleihen. Aber Novaire berief sich auf seine Lehnspflicht gegen die Königin-Mutter, gegen die er sich durch die verlangte Huldigung eines Wortbruches schuldig machen würde, sowie auf seine Ergebenheit gegen den Herrn von Beirut und seine Söhne, und lehnte daher alle ihre Anerbietungen dankend ab. Darüber entstand unter den Bailen und ihren

Anhängern grosse Aufregung und es wurden sogar Stimmen laut den unbequemen Widersacher kurzer Hand aufzuhängen, so dass Novaire sich genötigt sah, den anwesenden jungen König, der sich selbst in einer peinlichen Lage befand und nur leise zu reden wagte, kniefällig um seinen Schutz anzuflehen, unter Hinweis auf das sichere Geleit, welches ihm die Baile zuvor gelobt hätten. Auch erbot er sich gegen irgend einen von diesen die Wahrheit seiner Behauptungen im offenen Zweikampf zu erweisen, worauf aber jene nicht eingingen. Nach längeren stürmischen Verhandlungen kamen die Baile endlich überein Novaire einstweilen gefesselt im Saale bewachen zu lassen und unterdessen die übrigen Mitglieder der Versammlung zu vereidigen, die, weniger standhaft als jener und erschreckt durch sein Schicksal, auch sämmtlich den Schwur der Treue leisteten.

Nach Schluss der Sitzung hielten die Baile noch unter sich eine geheime Beratung ab und kamen überein ihren wichtigen Gefangenen, für den sie öffentlich verantwortlich waren, gegen eine Kaution von 1000 Mark Silber auf freien Fuss zu setzen. Novaires Einwand, dass er über eine solche Summe nicht verfüge, er auch als Lehnsmann zu einer Bürgschaft überhaupt nicht verpflichtet sei, da sein Ritterwort und sein Lehen schon hinreichend für ihn bürgten, umgingen sie mit dem Bemerken, sie selbst hätten bereits die nötige Kaution für ihn erlegt und seiner Freilassung stünde mithin nichts im Wege.

Dem so plötzlichen Gesinnungswechsel der Barone misstrauend begab sich Novaire statt in seine Wohnung direkt in das Kloster des dortigen Johanniterordens, wo bereits die Frauen und Kinder der Ritter, die sich bei Ibelin in Syrien befanden, Schutz gesucht hatten, vereinigte hier noch 150 von seinen Anhängern um sich und liess das Gebäude, so gut es in der Kürze ging, in Verteidigungszustand setzen. Seine Befürchtungen erwiesen sich als wohlbegründet, denn die Baile schickten bald nach seinem Weggange heimlich Bewaffnete in seine Wohnung, welche zwei der anwesenden Diener überfielen, den einen tödteten, den andern verwundeten und das Bett Philipps mit Dolchen und Speeren durchlöcherten, im Glauben, dass dieser hinter den Vorhängen verborgen sei*). Das Kloster, das durch seine kirchlichen Immunitäten gegen einen Gewaltakt geschützt war, wagten sie zwar nicht anzugreifen, aber sie liessen es Tag und Nacht aufs schärfste bewachen, um Novaire an einer Flucht zu verhindern; die Güter und Einkünfte des Herrn von Beirut und seiner Anhänger belegten sie mit Beschlag.

Novaire benachrichtete heimlich Balian von Ibelin, den ältesten Sohn des Herrn von Beirut, der sein spezieller Lehnsherr und Gevatter war, in einem langen Schreiben von den Ereignissen, die sich während der Abwesenheit seiner Freunde auf der Insel zugetragen hatten, und da er ein ausgesprochenes Talent zum Dichten besass, so verfasste er seine ganze Schilderung in gereimten Versen und in allegorischer Form, indem er die fünf Baile unter entsprechenden Tiernamen aus dem bekannten „Roman de Renart" (der altfranzösischen Dichtung unseres „Reineke Fuchs") vorführte. Diese Epistel gelangte glücklich an ihren Bestimmungsort nach Akkon und bewog die Ritter ihre bereits geplante Rückkehr nach Cypern nicht länger aufzuschieben. Sie gingen alsbald unter Segel und landeten nach kurzer Fahrt in dem befestigten Hafen von Gastria an der Nordostküste der Insel, im Karpassdistrikt. Die Baile hatten den Hafen in starken Verteidigungszustand gesetzt, doch wurde er im Sturm genommen und jene zogen sich darauf nach Nikosia, der Hauptstadt des Königreichs, zurück, wo sie den jungen König in sicherem Gewahrsam hielten. Der Herr von Beirut liess diesen sowie die Baile brieflich davon benachrichtigen, dass sie nur gekommen seien, um von ihrem rechtmässigen Eigentum wieder Besitz zu ergreifen und gern zu einem

---

*) Ph. d. N. C. 141; Fl. B. p. 76.

friedlichen Abkommen bereit wären, aber die Baile würdigten ihn keiner Antwort*).

Ibelin und seine Genossen marschierten nun direkt auf Nikosia los, die Baile zogen ihnen mit ihrem wohl doppelt überlegenen Heere, bestehend aus zahlreichen Angehörigen der einheimischen Bevölkerung, die sie gewaltsam zum Kriegsdienste gezwungen hatten, auswärtigen Söldnern und geworbenen Turkopulen, (tricoples bei Ph. d. N.) — leichte, ursprünglich saracenische Reiter — aus der Stadt entgegen und stellten sich in ihrer Nähe in Schlachtordnung auf. Mitglieder des Templer- und Johanniterordens suchten noch einmal zwischen den Parteien zu vermitteln, aber ohne Erfolg. Der Zusammenstoss erfolgte auf einem frisch gepflügten Brachfelde, dessen lockeres Erdreich sich bei dem heftigen Westwinde, der an diesem Tage wehte, bald in undurchdringliche Staubwolken verwandelte, in denen man weder Freund noch Feind unterscheiden konnte. Die Baile hatten 25 ihrer tapfersten Ritter den Auftrag gegeben den Herrn von Beirut, den sie für ihren gefährlichsten Gegner erachteten, auf jeden Fall zu tödten und diese griffen ihn daher in geschlossenen Reihen an. Der Herr von Beirut, weit entfernt an seine Sicherheit zu denken, sprengte ihnen kühn entgegen und streckte einen von ihnen mit einem wuchtigen Stoss todt zur Erde. Er wurde zwar von der Gewalt des Zusammenpralls ebenfalls aus dem Sattel geschleudert, erhob sich aber unverletzt und verteidigte sich längere Zeit in den aufgewirbelten Staubwolken blindlings, ohne zu wissen gegen wen. Als sich die Aussicht wieder geklärt hatte, fand er sich mit einigen seiner Armbrustschützen allein auf dem Schlachtfelde, gegenüber von noch 15 seiner Gegner, vor denen er sich mit seinen Gefährten fechtend nach dem Hofe eines benachbarten Klosters**) zurückzog, wo sie sich mit ihren Lanzen über die niedrige

---

*) Ph. d. N. C. 144; Fl. B. p. 77.
**) Fl. B. p. 78: il quale s'era ritirato in una corte del monasterio delle Spine; Ph. d. N. C. 145 nennt das Kloster nicht.

Mauer hinweg gegen die Übermacht verteidigten. Die so plötzliche Flucht der Feinde war durch Philipp de Novaire herbeigeführt worden, der zur rechten Zeit dem Heere Ibelins mit seinen 150 Genossen aus dem Johanniterkloster zur Hülfe eilte und dadurch die Truppen der Baile in Verwirrung brachte. Sie wurden geworfen und mussten sich nach der Stadt zurückziehen. Hugo de Giblet, der die Nachhut kommandierte, gab zuerst das Zeichen zur Flucht.

Der Herr von Beirut wurde bald darauf von seinem kühnen Neffen Anselm de Brie und seinem ältesten Sohne Balian, der aus Besorgnis um seinen verschwundenen Vater die Verfolgung der Feinde aufgab und mit seiner Abteilung zum Schlachtfelde zurückkehrte, aus seiner gefährlichen Lage befreit. Die Feinde ergriffen bei ihrem Herannahen sofort die Flucht, aber die meisten erlagen den Streichen der Verfolger, darunter der Bannerträger, den Balian mit eigener Hand erlegte. Der Sieg der Cyprioten war vollständig, doch hatten sie selbst einige schwere Verluste zu beklagen. Unter anderen verloren sie den greisen Konnetable von Cypern, Walter von Cäsarea, Schwager des Herrn von Beirut, den einer der fünf Baile, Gauvain de Chenichy, getödtet hatte, sowie Gerard de Montaigu, den Neffen des lateinischen Erzbischofs von Nikosia, Eustorg und des Grossmeisters des Johanniter- und Templerordens, der beim Sturz unter sein Pferd zu liegen kam und von ihm erdrückt wurde.*)

Die Schlacht bei Nikosia fand statt an einem Sonnabend, den 24. Juni 1229, wie Philipp de Novaire und die Est. de Erac p. 377 übereinstimmend angeben.**)

---

*) Fl. B. p. 77 f., Est. de Erac. p. 376; Ph. d. N. C. 145. Letzterer erwähnt hier nichts vom Tode des Konnetables, erst C. 152 bei Erzählung des Friedensschlusses, in Folge dessen die Angehörigen Chenichy's die Insel verlassen mussten, fügt er hinzu: porce que on disoit q'il avoit ocis le conestable, gleich als ob dies nicht hinlänglich bewiesen wäre oder er an der Täterschaft Chenichys Zweifel hegte.

**) Wenn bei Ph. d. N. C. 145 statt des 24. der 14. Juni angegeben ist, aber gleichzeitig der Sonnabend, so ist die abweichende Tages-

Die Baile hielten es nicht für geraten sich in Nikosia gegen die siegreichen Feinde zu verteidigen, sondern warfen sich in die starken Schlösser im nördlichen Teile der Insel, die ihnen die sicherste Zuflucht boten. Barlas, Amalrich de Bethsan und Hugo de Giblet zogen sich nach Dieudamour, einem uneinnehmbaren, auf steilem Felsen gelegenen Bergschloss zurück *), wohin sie noch vor der Schlacht den jungen König gebracht und gewaltige Vorräte an Proviant und Kriegsmaterial aufgehäuft hatten. Die Belagerung von Dieudamour fiel den Söhnen des Herrn von Beirut, Balian und Hugo zu, die es alsbald von allen Seiten blokierten. Anselm de Brie belagerte Kantara, östlich von Dieudamour im Karpassgebirge

---

zahl sicher nur als ein Schreib- oder Druckfehler anzusehen, indem ein X vor XIV ausgefallen ist, da sonst die Wochentage nicht übereinstimmen könnten; der 14. würde dann auf einen Mittwoch fallen. — Auch von den „Annales de Terre Sainte" ed. Röhricht et Raynaud, Paris 1884, p. 14 wird in beiden Redactionen für die Schlacht bei Nikosia ausdrücklich dasselbe Jahr angegeben, in welchem an Kaiser Friedrich von Sultan Al-Kamil Jerusalem mit seinen Dependenzen abgetreten wurde. Dies geschah (nach Röhricht, Beiträge zur Geschichte der Kreuzzüge, Berlin 1874, I, p. 39 ff.) im Februar 1229 und in der Redaction B fährt der Annalist nach Erwähnung dieser Ereignisse fort: Et en cel an fu la bataille de Cypre, et li sires Baruth desconfist les V ballis etc. Gegenüber all diesen bestimmten Quellenangaben kann die Annahme Löhers, der die Schlacht bei Nikosia ins Jahr 1230 setzen will, nicht aufrecht erhalten werden, zumal die drei Gründe, die er p. 144 zum Beweise anführt, ganz auf subjektiven Ansichten beruhen, z. B. „dass es nicht gut denkbar sei, dass Ibelin so bald nach des Kaisers Abreise von Cypern ihm die Treue gebrochen habe u. s. w." — und daher keine zwingende Beweiskraft haben.

*) Das Kastell Dieudamour dauert noch heute als Kloster St. Hilarion fort. Für die mittelalterliche Geographie von Cypern und Syrien verweisen wir auf die betreffenden Karten in v. Spruners historischem Handatlas II. Abteilung, 3. Auflage ed. Menke, und zwar besonders auf Blatt Nr. 85: Syrien zur Zeit der Kreuzzüge und Nr. 86: Lateinische Herrschaften im Orient. Für das heutige Cypern findet sich eine sehr ausführliche Karte in dem Werke von Sir Sam. Baker, „Cypern im Jahre 1879", Deutsche Uebersetzung, Leipzig 1880. Ueber die Lage von Dieudamour cf. Baker a. a. O. p. 163 ff.

gelegen, wohin Gauvain de Chenichy nicht ohne grosse Mühe, durch einen Gewaltmarsch von 15 Meilen*) entkommen war. Wilhelm de Rivet scheint im Kastell Buffavento, zwischen Dieudamour und Kantara, Aufnahme gefunden zu haben, wenigstens berichtet dies kurz Florio Bustron (ed. de Mas Latrie p. 78), die übrigen Quellen schweigen darüber. Dass er hier von Philipp de Novaire blokiert worden sei, wie de Mas Latrie hinzufügt, (vielleicht nach Loredano, Historie de' re Lusignani lib. II, p. 71; cf. de Mas Latrie a. a. O. p. 259 Anmerk.), davon meldet aber auch Florio Bustron nichts und ebenso wenig Novaire**). Diesen finden wir vielmehr bald darauf vor Cherines (sonst Kerinia oder Kyrenia), einem schon im Altertum vorhandenen Hafenort und noch heutigen Tages die wichtigste Seestadt an der ganzen Nordküste***) der Insel, worin sich noch eine kaiserliche Besatzung befand. Die Belagerung dieses Platzes übernahm der Herr von Beirut in eigener Person. Die Longebarden nur auf sich selbst angewiesen und dazu seit langem ohne Sold, traten mit ihm bald in Unterhandlung und schlossen einen Vertrag ab, dass sie, wofern sie nicht in einem bestimmten Zeitraum Verstärkungen erhielten, ihm die Burg übergeben wollten, wofür er sich verbindlich machte ihnen den rückständigen Sold auszuzahlen und sie mit aller ihrer Habe unverletzt aus Cypern zu entlassen. Novaire leitete diese Verhandlungen und sorgte dafür, dass bei Uebergabe des Kastells die getroffenen Vereinbarungen gewissenhaft durchgeführt wurden.

Von Cherines begab sich der Herr von Beirut nach Dieudamour, dessen Belagerung nicht von der Stelle rückte, da es wegen seiner Lage nur durch Aushungerung eingenommen werden konnte. Durch eine Unachtsamkeit von Seite der Cyprioten sollte die Übergabe noch länger verzögert werden.

---
*) Ph. d. N. C. 151: la bataille fu à XV groces liues loins dou chasteau.
**) Dass sich Rivet nach Buffavento zurückgezogen habe, ist wohl blos eine willkürliche Annahme von Florio Bustron.
***) Über das heutige Kyrenia (Κερύνεια bei Skylax, Κερωνία bei Ptolemaios) cf. Baker a. a. O. p. 145 ff.

Die Ritter des Belagerungskorps fingen an in ihrer Wachsamkeit allmählich nachzulassen und benutzten ihre unfreiwillige Musse dazu auf den benachbarten Bergen dem edlen Waidwerk obzuliegen. Eines Tages nun, als auch die Söhne des Herrn von Beirut das Lager verlassen hatten*) und dieser nach Kantara gegangen war, um hier die von Anselm de Brie geleiteten Belagerungsarbeiten zu besichtigen, unternahmen die Eingeschlossenen, die von den Vorgängen im feindlichen Lager genau unterrichtet waren, einen heftigen Ausfall und bemächtigten sich der ganzen feindlichen Vorräte. Die Cyprioten liessen sich diesen Unfall zur Lehre dienen und der Herr von Beirut verordnete, dass in Zukunft stets einer seiner Söhne abwechselnd einen Monat mit hundert Rittern und einer genügenden Anzahl Fussvolk im Lager anwesend sein solle.

Nicht viel grössere Fortschritte machten die Cyprioten vor Kantara. Zwar hatten sie durch einen grossen Sturmblock die äussere Umfassungsmauer des Kastells fast ganz in Trümmer gelegt, aber der Felsen, auf dem das Schloss lag, war zu steil, um erstiegen werden zu können und die Belagerten dachten nicht an Ergebung, trotzdem sie an allem Mangel litten, da sie auf ihrer Flucht nach der Schlacht bei Nikosia unterwegs ihr ganzes Gepäck weggeworfen hatten. In dem Belagerungskorps befand sich auch Johann von Cäsarea, der Sohn des Konnetables von Cypern, der bei Nikosia von Gauvain de Chenichy getödtet worden war. Dieser, der vor Begier brannte den Tod seines Vaters an dessen Besieger zu rächen, hatte sich auf einen nahen Hügel postirt, von wo aus er ununterbrochen die Burg beschiessen liess. Er zählte unter seinen Leuten einen geschickten Armbrust-

---

*) Ob die jungen Ibelins sämmtlich nach Nikosia gegangen waren, wie d. M. L. I. p. 260 nach Fl. B. (p. 79: li suoi figliuolo si partiteno per Nikosia) berichtet, bleibt ungewiss. Novaire sagt nur C. 148: Les III fils sus noumés estoient espandus par le païs, und gleich darauf C. 149: Messire Balian estoit à Nicossie à mout poy de chevaliers.

schützen, der gleichfalls aus persönlichen Gründen Gauvain de Chenichy nach dem Leben trachtete und sein ganzes Tun und Treiben aufmerksam verfolgte. In der Tat glückte es ihm denselben, als er eines Tages über den Festungswall ging, mit einem Bolzen zu treffen und auf der Stelle zu zu tödten. Die Belagerten suchten zwar seinen Tod zu verheimlichen, aber der Schütz erklärte bestimmt, dass Chenichy nicht mehr am Leben sei und dieser blieb seitdem auch für immer verschwunden. Einen Einfluss auf die Belagerung übte jedoch sein Tod nicht; der Oberbefehl ging sofort auf Philipp Génard, einen Stiefbruder Chenichys mütterlicherseits, über, der die Verteidigung mit Umsicht und Energie fortsetzte.

Über die Belagerung von Schloss Buffavento wird uns nirgends etwas berichtet. Wenn Wilhelm de Rivet sich wirklich dorthin zurückzog, so kann er wenigstens nicht lange darin geblieben sein, denn Novaire teilt bei der Erzählung vom Tode Chenichy's mit, dass sein Vetter W. de Rivet sich nach dem benachbarten Kleinarmenien (Kilikien) begeben habe, um daselbst Truppen anzuwerben, und dort gestorben sei. Auch besass Buffavento im Vergleich zu den übrigen Festungen nur einen untergeordneten strategischen Wert, so dass auf seinen Besitz von beiden Seiten kein grosses Gewicht gelegt wurde. Die Entscheidung konzentrierte sich immer mehr um Dieudamour, worin sich die drei noch lebenden Baile mit dem unmündigen Könige befanden. Die Cyprioten setzten nach jenem Überfalle die Belagerung mit erhöhtem Eifer fort und täglich massen die Gegner ihre Kräfte in kleineren Gefechten. Bei einem solchen geriet Novaire in grosse Gefahr; es wurde ihm von einer Lanze der Arm durchbohrt und die Feinde ergriffen schon unter dem Rufe: „Todt ist unser Sänger, er ist getödtet!" die Zügel seines Rosses, als Balian von Ibelin herbeieilte und ihn befreite. Zum Glück waren seine Wunden nicht weiter gefährlich und um die Feinde von seinem Wohlbefinden zu überzeugen, dichtete er noch an demselben Abend zwei Strophen, liess sich am andern Morgen auf einen nahen Felsen tragen und sang sie von hier aus den Gegnern mit lauter Stimme vor; nun konnten sie nicht länger daran zweifeln, dass er noch am Leben sei. Obwohl die Not der Belagerten inzwischen auf's Äusserste gestiegen war, machten sie doch noch immer keine Anstalt sich zu ergeben und der Herr von Beirut, es aufgebend mit seinen eigenen geringen Kräften der Feinde Herr werden zu können, fasste nun den Plan Philipp de Novaire als Gesandten an den Papst, sowie an die Könige von England, Frankreich und Spanien zu schicken, um von ihnen Hülfe gegen Kaiser Friedrich und seine Anhänger zu erbitten. Bereits hatte sich Novaire nach Limassol begeben, wo er sich nach Europa einschiffen wollte, als ihn der Befehl erreichte, unverzüglich nach Dieudamour zurückzukehren, um hier bei den Friedensverhandlungen als juristischer Beirat mitzuwirken. Die Eingeschlossenen sahen sich nach einer Belagerung von fast einem Jahr*) endlich genötigt Unterhandlungen wegen der Übergabe mit dem Herrn von Beirut zu eröffnen; ein alter Ritter aus dem Johanniterorden, Wilhelm de Tiniers oder Tiviers, (so nach de Mas Latrie I p. 261; Novaire, C. 152, schreibt de Tineres), leitete dieselben. Die Baile mussten vor allen Dingen den jungen König und seine Schwestern ausliefern, sämmtliche Festungen übergeben**) und schwören

---

*) D. M. L. I, p. 261 setzt nach der Est. de Er. p. 377 zehn Monate an, bemerkt aber in den Anmerkungen, dass Amadi und Fl. Bustron ein Jahr angeben; Novaire sagt: O. 149: „Près d'un an dura le siege ensi." Die Belagerung von Dieudamour begann gleich nach der Schlacht bei Nikosia, also etwa Mitte Juni 1229; die Übergabe muss bald nach Ostern 1230 im Laufe des April, spätestens in der ersten Hälfte des Mai erfolgt sein, hat demnach 10—11 Monate gedauert.

**) D. M. L. I, p. 260 sagt: On ne sait si la forteresse du Karpas et le château de la reine finirent par céder, aber aus den Worten Novaires C. 152: La fin fu tele, que ceaus dedens livrerent le roy, quy estoit son nevou, et ses suers, et les chasteaus au seignor de Baruth, sowie Bustrons p. 80: feceno pace col signor de Baruth, al quale reseno el re et le fortezze tutte, geht doch wohl hervor, dass auch diese Burgen erst beim Friedensschluss in den Besitz Ibelins kamen.

niemals wieder gegen Ibelin und seine Söhne, noch Anhänger Partei zu ergreifen, wogegen diese sich verpflichteten keinerlei Racheakt gegen sie zu unternehmen. Auch ihr früherer Besitz wurde ihnen gewährleistet, nur die Hinterbliebenen Gauvain de Chenichy's mussten statt seiner, weil er den Konnetable getödtet hatte, die Insel verlassen; doch ihre Lehen verblieben ihnen, sie wurden unter Sequester gestellt und auf ihre Kosten für sie verwaltet. Zur Feier des siegreichen Abschlusses verfasste Novaire wieder ein längeres Gedicht über die Begebenheiten, worin er die handelnden Personen wie früher unter entsprechenden Tiernamen aus dem Roman de Renart vorführt.

Zweite Periode.

Erster Abschnitt.
Die Kämpfe in Syrien, Sommer 1230 — Mai 1232.

Die drei Baile hatten während der Belagerung von Dieudamour beständig gehofft Kaiser Friedrich würde ihnen noch rechtzeitig Verstärkungen zu Hülfe senden, und im Vertrauen darauf ihren Widerstand bis aufs äusserste fortgesetzt. Aber Friedrich wurde gerade während dieses ganzen Zeitraumes durch seine Kämpfe mit Papst Gregor IX. so in Anspruch genommen, dass er nicht im geringsten an eine tatkräftige Unterstützung seiner Anhänger in Cypern und Syrien denken konnte und diese, wie auch das Königreich Jerusalem, einstweilen sich selbst überlassen musste. Indessen war er nichts weniger als gewillt, deshalb nun auf irgend einen seiner Ansprüche und Rechte im Orient zu verzichten und nachdem er durch den Frieden von San Germano im Sommer 1230 in Italien freie Hand erhalten, wandte er alsbald seine Aufmerksamkeit wieder den orientalischen Angelegenheiten zu.

. Amalrich Barlas hatte ihm die Kapitulation von Dieudamour gemeldet und ihn dabei der fortdauernden Ergebenheit seiner Anhänger versichert; diese waren im vollen Besitz ihrer Güter und Machtbefugnisse geblieben, nicht viel Anstrengungen schienen daher erforderlich die verlorenen Vorteile wieder zu gewinnen *). Der Kaiser rüstete ein für die

---

*) Nach Amadi bei d. M. L. I, p. 264 und Fl. B. p. 80; Ph. d. N. übergeht diese Verhandlungen, vermutlich, weil man daraus entnehmen kann, dass die kaiserliche Partei auf Cypern doch weit mehr Anhänger zählte als er uns glauben machen will. ·

damaligen Zeiten recht stattliches Hülfskorps aus; es bestand nach Novaire aus 600 Rittern und 100 Knappen, 700 Mann zu Fuss und 3000 bewaffneten Seeleuten*), zum allergrössten Teil aus den aufrührerischen Provinzen Mittel- und Unteritaliens stammend und vom Kaiser mit kluger Berechnung vorzüglich aus den Reihen jener Barone und ihrer Lehnsmannen gewählt, die ihm besonders verhasst oder irgendwie verdächtig waren. Er schlug dadurch zwei Fliegen mit einer Klappe, denn er hoffte durch sie, wie Florio Bustron angiebt (p. 81), seine cyprischen Gegner zu besiegen und gleichzeitig sie selbst in den bevorstehenden Kämpfen für immer los zu werden. Mit dem Oberbefehl über das Ganze betraute er Richard Filangieri, den Marschall des Reiches, den er schon früher einmal mit 500 Mann nach dem Orient geschickt hatte**). Die Flotte zerfiel in zwei Geschwader, von denen das eine 18 schmale Galeeren, sogenannte Salander, das andere 15 schwere Galeeren zählte***). Die Salander segelten zuerst von Brindisi (Januar 1231) nach Cypern ab und gingen nach glücklicher Fahrt beim Kap Gavata (jetzt Gatta, im Altertum Kurias) vor Anker, die anderen mit Filangieri sollten später nachfolgen.

Den Herrn von Beirut, welchen nebst seiner ganzen Verwandtschaft der kaiserliche Statthalter in Syrien, der Herr von Sidon, auf Befehl Friedrichs ihrer Lehen für verlustig erklärt hatte†) traf ihre Ankunft nicht ganz unvorbereitet.

---

*) Ph. d. N, C. 158, Fl. B. p. 80 f.; die Est. de Er. p. 385 giebt nur 300 Ritter u. 200 Schützen und Knappen an, die Zahl der Fussgänger und Seeleute verschweigt sie ganz.

**) Über das Geschlecht und die Abstammung der Filangieri cf. v. Löher p. 119 An., d. M. L. II, p. 16 An. 2, Ficker, Forschungen zur Reichs- und Rechtsgeschichte Italiens, III, p. 508.

***) Die Zahl der Schiffe nach der Est. d. Er. p. 386 und 388; Fl. B. sagt p. 81: con trentotto navi e ventidue galere; Ph. d. N. C. 158: o mout grant navie et belle, de naves et de salandres et XXXII galées.

†) Assises de Jérusalem ed. Beugnot, Paris 1841, I, p. 325 citiert bei v. Löher p. 144, und ausserdem Assisses I, p. 528: Et ce meisme vi ge (sc. Ph. d. N.) avenir de monseignor de Baruth à Acre quant le seignor de Saeste dessaisi li et ses nevous et ses amis, par le comandement de l'empereour, de lor fiés que il avoient à Acre.

Noch bevor die Salander von Brindisi aufgebrochen waren, hatte ein Schiff der deutschen Ordensritter, in welchem sich ein Spion Ibelins befand*), den Hafen verlassen und sich direkt nach Akkon begeben, wo dieser damals verweilte. Hier von den gegen ihn im Werke befindlichen Rüstungen benachrichtigt, traf er mit aller Umsicht seine Vorkehrungen; er warb neue Truppen an, setzte seine Burg in Beirut in Verteidigungszustand und entbot einen Teil seiner syrischen Lehnsmannen nach Cypern, wo sie sich mit den einheimischen Rittern in Limassol vereinigen sollten. Es selbst versicherte sich nach seiner Ankunft auf der Insel vor allem der Person des jungen Königs, damit sich nicht die feindlichen Barone desselben wieder bemächtigen und dann in seinem Namen gegen ihn auftreten könnten, und geleitete ihn unter geringer Bedeckung nach dem Hafen Quit, (das alte Kition, j. Kitti) bei Larnaka, woselbst sie einstweilen Quartier nahmen. Hier erschienen von der bei Gavata ankernden Flotte drei Gesandte, der Bischof von Amalfi und zwei syrische Ritter, Johan de Bailleul und Aymon l'Aleman, welche im Namen des Kaisers, König Heinrich auffordern sollten den Herrn von Beirut nebst seinen Söhnen und Verwandten aus seinem Lande zu verweisen, da sie alle gegen den Kaiser sich der Felonie schuldig gemacht hätten. Wie vorauszusehen, wurde dieses Ansinnen vom König höflich, aber entschieden abgelehnt und die Gesandten kehrten unverrichteter Sache zu den Schiffen zurück. Auch der Herr von Beirut und der junge König verliessen kurz darauf den Hafen Quit, und ritten in grosser Eile nach Limassol, wo sich inzwischen ihre Anhänger unter dem Oberbefehl Balians von Ibelin zahlreich eingefunden hatten. Die angestellte Musterung ergab ausser einer ansehnlichem Masse von Fussvolk, Turko-

---

*) Est d. Er. p. 386: En quoi vint une espie de Johan d'Ybelin; Ph. d. N. sagt C. 158: il sot la venue de ces gens par les gens d'une nave de l'ospital des Alemans qui vint à Acre, aber es ist kaum anzunehmen, dass die deutschen Ordensritter so direkt gegen das Interesse des deutschen Kaisers gehandelt haben sollten.

pulen und Knappen, etwa 500 Ritter, worunter sich allerdings auch die heimlichen Gegner der Ibelins befanden, die nur auf einen passenden Vorwand warteten, um offen die Maske abwerfen zu können. Ihr Führer Barlas hatte bereits zur Nachtzeit viele heimliche Besprechungen mit den Kaiserlichen auf der bei Gavata ankernden Flotte, deren Mannschaft nicht zu landen wagte, da sie die ganze Küste von den feindlichen Truppen besetzt fanden; ihre Befehlshaber liessen deshalb nur durch abgesandte Boten von den Schiffen aus mit dem Herrn von Beirut verhandeln.

Als die Longebarden erkannten, dass ihr ursprünglicher Plan sich der Insel durch einen Handstreich zu bemächtigen, vereitelt worden war, und über die Ankunft Filangieris noch nichts verlautete, stachen sie wieder in See und fuhren hinüber nach Beirut. Der dortige Bischof übergab ihnen die Stadt ohne Widerstand*), hingegen die Besatzung der Burg verteidigte sich so energisch, dass die Feinde eine regelrechte Belagerung eröffnen mussten. Nicht lange darauf traf auch Richard Filangieri, über Limassol kommend, vor Beirut ein und nahm die Belagerung mit erhöhtem Eifer auf; seinen Bruder Heinrich sandte er mit einer starken Abteilung nach Tyros (Sur), wo ihm der bisherige kaiserliche Kommandant Hémart de Lai(r)on Stadt und Burg übergeben musste**). Nach einiger Zeit begab sich der Marschall nach Akkon und berief hier im Saale des königlichen Schlosses eine grosse Versammlung

---

*) Die italienischen Chronisten beschuldigen den Bischof geradezu der Verräterei, aber Ph. d. N., der dies als Gegner sicher nicht verschwiegen haben würde, schreibt es nur seiner Ängstlichkeit zu C. 159: L'evesque lor rendy come prestre paourous.

**) So nach der Est. d. Er. p. 388; Ph. d. N. u. Fl. B. übergehen die Ankuuft Filangieris. Nicht ganz klar und korrekt ist die Darstellung bei d. M. L. p. 266: Quand Richard Filangieri arriva ... le siège de la forteresse. — Die Ankunft des Marschalls geschah im Juni 1231, nach Richard de San Germano bei d. M. L. p. 266 An. Die An. d. Terre Sainte, red. B. bemerken kurz: A. M et CC et XXXI, vinrent les Lombars, et prisent la ville de Barut, et assegierent le Castel, mais il ne la porent prendre et se partirent.

aller Notablen der Ritter- und Bürgerschaft, um sich ihnen als den neuen Stellvertreter des Kaisers, der die höchste Militär- und Civilgewalt in allen christlichen Besitzungen des Orients in seiner Person vereinigte unter Verlesung der betreffenden Urkunde, vorzustellen. Er führte sich dabei durch eine kurze Rede ein, worin er die wohlwollenden Absichten des Kaisers verkündete und eine gewissenhafte Beobachtung der Verfassung und Gebräuche des Landes zusicherte. Die in würdevollem Ton gehaltene Rede machte allgemein den besten Eindruck und durch ein vorsichtiges, massvolles Auftreten des Statthalters hätte sich vielleicht ein leidlicher Ausgleich der so widersprechenden Interessen und schroffen Gegensätze — das Streben der stolzen Feudalherrn nach möglichster Selbständigkeit auf der einen, das Trachten des Kaisers nach straffer Centralisation auf der andern Seite — allmählich doch erzielen lassen, wenn Filangieri wirklich auf diese Weise verfahren wäre. Leider standen jedoch die Handlungen des Marschalls mit seinen Worten sehr wenig im Einklang. Er schaltete wie ein unumschränkter Gebieter im Lande, die Notabeln und die Haute Cour wurden niemals befragt, die Rechte der Feudalherren nicht im geringsten berücksichtigt, dagegen die Belagerung der Burg von Beirut mit allem Nachdruck fortgesetzt. Auf die eindringlichen Vorstellungen, die ihm vom Herrn von Sidon, Balian, im Namen der übrigen Barone gemacht wurden, gab er ausweichende Antworten und verlegte schliesslich sein Hauptquartier von Akkon nach Beirut, dessen Einnahme und damit die Unterwerfung der Ibelins den eigentlichen Zweck seiner Sendung bildete. Solche direkten Gewaltmassregeln gegen einen aus ihrer Mitte durften die syrischen Lehnsherren auf die Dauer nicht ruhig mitansehen und obwohl sie aus Ehrfurcht vor dem Kaiser noch immer zögerten sich in offne Feindseligkeiten gegen den Marschall zu setzen, so liessen sich doch viele von ihnen in die „fromme Brüderschaft von St. Andreas" zu Akkon aufnehmen*), deren Mit-

---
*) Die Brüderschaft von St. Andreas war ursprünglich eine rein kirchliche Vereinigung, „die Gebet und Gottesdienst in Gemeinschaft zum

glieder sich durch einen Eid zum gegenseitigen Beistand verpflichteten und den Herrn von Beirut, der sich noch auf Cypern befand, von ihrer Verbindung und ihren Sympathien für ihn in Kenntnis setzten. Daraufhin wurde eine allgemeine Versammlung der cypriotischen Lehnsträger nach Nikosia berufen, auf welcher der Herr von Beirut unter Darlegung seiner Verdienste um die königliche Familie den jungen König und die versammelten Feudalherren um Hülfe gegen die Kaiserlichen anflehte, damit ihm diese nicht widerrechtlich seine Besitzungen in Syrien entrissen. Der König und nach ihm sämmtliche Barone, mit Ausnahme von Barlas und seinen Genossen, die in Schweigen verharrten, versprachen ihm unter lebhaften Zurufen bereitwillig ihren Beistand und erboten sich mit ihm vereint nach dem Festland zu ziehen und hier die Kaiserlichen zu bekämpfen.

Man ging sogleich mit Eifer an die Vorbereitungen und bestimmte Famagusta zum Sammelplatz. Da es bereits Winter war, um die Weihnachtszeit 1231*) und die Teilnehmer auf dem Wege durch die weite Ebene, die Messaria, sehr von den Unbilden des Wetters zu leiden hatten, so wurden verschiedene Stimmen laut, ob es nicht überhaupt geratener wäre den Aufbruch bis zum Frühjahr zu verschieben, weil man der heftigen Stürme wegen die Ueberfahrt doch nicht wagen könne. Jedoch Herr von Ibelin, der seiner bedrängten Besatzung in Beirut möglichst schnell zu Hülfe zu kommen wünschte, beharrte auf seinem ursprünglichen Plan. Ebensowenig wollte er in seiner Abwesenheit einen Befehlshaber mit einer grösseren Truppenmacht auf der Insel zurücklassen, wie ihm von Novaire und anderen geraten wurde. Er begründete seinen Entschluss damit, dass im Falle ihrer Besiegung in Syrien auch Cypern keinen Befehlshaber mehr

Zwecke hatte". Im Laufe der Zeit aber verwandelte sie sich immer mehr in eine kriegerische Genossenschaft, die nicht wenig unruhige, zu Streit und Aufruhr sehr geneigte Elemente in sich zählte.
*) Ph. d. N. C. 161: et ce fu entor les festes de Noël, ein bisher noch nicht gebotenes Datum!

nötig haben würde und dass es dann besser wäre, wenn sie alle zusammen ehrenvoll an jenem Orte fielen, wo schon so vi le seiner Vorfaren geboren und gestorben wären. Nichtsdestoweniger bestellte er einen „Kapitän" der Insel, dem er den Oberbefehl über die Festungen und Besatzungen anvertraute, Namens Hernoul de Giblet, einen verdienten Ritter, der aber, wie wir später sehen werden, die auf ihn gesetzten Erwartungen nicht erfüllte *).

Die heimlichen Gegner Ibelins kamen, durch diese Verzögerung ermutigt, auf den verwegenen Gedanken schon jetzt die Fahne der Empörung zu erheben und sich der Burg von Gastria zu bemächtigen. Ihr Anschlag wurde jedoch vorzeitig entdeckt und man riet dem Herrn von Beirut dieselben sogleich festnehmen zu lassen; aber dieser wollte nicht früher gewaltsam gegen sie vorgehen, als bis sie offen von ihm abgefallen wären und fügte hinzu, dass Gott der gerechten Sache schon zum Siege verhelfen würde **).

Endlich, nachdem sie Wochen lang auf gutes Wetter gewartet hatten, schifften sich die Cyprioten am ersten Tage der Fastenzeit d. i. am 25. Februar 1232 unter Sturm und Regen ***) in Famagusta ein und landeten nach glücklicher Fahrt unweit Tripoli (Tarabulus) bei dem sogenannten Konnetableberg zwischen Nephin und Butron (j. Râs-as-Schaká). Gleich nach ihrer Landung entfernten sich im Schutze der Dunkelheit Barlas und seine Freunde nebst ihrem Gefolge, im Ganzen 80 Mann, unter Zurücklassung ihres ganzen Gepäcks, in fluchtartiger Eile aus dem Lager und begaben sich nach Tripoli, von wo sie Marschall Filangieri auf einer

---

*) Ph. d. N. C. 177: Hernis de Gibeleth, qui estoit au jour bailly de la secrete, que le sire de Baruth avoit laissié cheveteine de la terre. — Über die Secrete cf. Assises de Jérusalem ed. Beugnot I, p. 227 An.: On appelait dans le royaume de Chypre, Secrète royale, le trésor du prince. L'officier placé à la tête de cette administration se nommait le „Bailly de la Secrète".

**) Ph. d. N. C. 161 Schluss.

***) Ph. d. N. C. 161: autour de la lune; Est. d. Er. p. 392: il murent le premier jor de quaresme; cf. d. M. L. I, p. 272; v. Löher p. 152.

Galeere nach Beirut abholen liess. Sie suchten ihren Schritt mit der Erklärung zu rechtfertigen, dass sie, so lange der König minderjährig sei und sich in fremder Gewalt befände, mehr dem Kaiser als ihm zum Gehorsam verpflichtet wären. Wenn auch durch den Abgang von 80 Streitern die geringe Truppenzahl Ibelins nicht unwesentlich geschwächt wurde, so liess sich dieser dadurch doch nicht im geringsten entmutigen, sondern setzte sich sogleich gegen Beirut in Bewegung. Der Zug ging zu Lande an der Küste entlang, bald durch christliches, bald durch mohammedanisches Gebiet, während die Flotte nebenher segelte. Diese wurde in dem unsicheren Hafen von Butron (j. Batrun) von einem argen Unwetter überfallen und erlitt schwere Beschädigungen, aber die zu Lande zogen unaufhaltsam weiter, im fortwährenden Kampfe mit den empörten Elementen, passierten glücklich verschiedene angeschwollene Gebirgsflüsse und gefährliche Engpässe (den Pas paien und Pas dou chien) und gelangten endlich ohne weitere Verluste an den Fluss von Beirut (ie flume dou chien), wo sie im Angesicht von Stadt und Festung ein Lager aufschlugen und sich mit der eingeschlossenen Besatzung durch Feuersignale in Verbindung setzten.

Es war in der Tat hohe Zeit, dass die Belagerten Verstärkungen erhielten. Die Kaiserlichen hatten die Burg durch ausgedehnte Belagerungsarbeiten ringsum eingeschlossen und die Mauern des Kastells nach der Anleitung eines Überläufers, Namens Denisés oder de Nissa, der zuvor Seneschall des Herrn von Beirut gewesen war und die Lage und Befestigungen des Kastells aufs genaueste kannte *) so erfolgreich beschossen und unterminiert, dass sie an verschiedenen Punkten zusammenzustürzen drohten.

---

*) Ph. d. N. C. 159: il avoyent avec eaus I. desleal, quy avoit nom Denises, et avoit esté seneschal dou seignor de Baruth et tout maistre dou chasteau; Fl. B. p. 81: Et poi scampò un traditore chiamato Nissa, ch'era siniscalco etc. Schliesslich wurde er, nach Ph. d. N. C. 159, als Verräter aufgehangen; doch lässt dieser im Unklaren, von welcher Partei es geschah.

Nach seiner Ankunft vor Beirut sandte Herr von Ibelin Boten und Briefe an verschiedene seiner syrischen Standesgenossen mit der Bitte ihn bei der Belagerung mit Schiffen und Truppen zu unterstützen und bald darauf richtete er eine allgemeine Aufforderung an die Pairs des Königreichs Jerusalem zur gemeinsamen Mitwirkung gegen Filangieri. Sein Aufruf blieb nicht unbeachtet. Eine ganze Anzahl angesehener Feudalherren, zusammen 43, darunter ein Neffe Ibelins, Johann von Cäsarea, Robert de Kaiphas, Baudouin de Bonvoisin und Geoffroy le Tort, brachen an der Spitze von 150 Reitern und 200 Fusssoldaten von Akkon auf, schlugen unterwegs bei Tyros einen Ausfall der dortigen kaiserlichen Besatzung zurück und vereinigten sich vor Beirut mit dem Korps der Cyprioten. Auch der Herr von Sidon, Balian, ein anderer Neffe Ibelins, ferner der Konnetable Eudes de Montbelliard, Gerold, der Patriarch von Jerusalem, Peter, der Erzbischof von Cäsarea, die Ordensmeister vom Tempel- und Johanniterorden Gerin und Hermant de Peregort, dazu die Konsuln und Vertreter der italienischen Seestaaten fanden sich hier ein, und suchten zwischen beiden Parteien zu vermitteln. „Sie zogen von einem Lager zum andern und machten Vorschläge zum Frieden. Die Vermittler aber waren wohl selbst nicht ganz einstimmig, während Ibelin um so hartnäckiger auf seinem Rechte bestand und der Marschall sich auf des Kaisers Befehle berief". (v. Löher p. 154). Ohne eine Verständigung herbeigeführt zu haben, kehrten die Unparteiischen nach Akkon zurück und die Kämpfenden blieben sich wieder selbst überlassen.

Die wichtigste Sorge Ibelins war darauf gerichtet der Burg möglichst zahlreiche Verstärkungen zuzuführen, denn Proviant, Waffen und Kleider waren darin im Überfluss aufgehäuft, nur an Mannschaften mangelte es der Besatzung, da Ibelin bei seinem Aufbruch nach Cypern vor der Schlacht bei Nikosia, um alle Kräfte gegen die Baile verwenden zu können, diese aufs äusserste beschränkt hatte.

Die Feinde hatten die Festung nicht nur auf der

Landseite, sondern auch vom Meere her vollständig eingeschlossen, ihre Schiffe waren durch eine lange eiserne Kette mit einander verbunden, die nur an einer Stelle eine schmale Öffnung zeigte, durch welche sie selbst aus- und einfuhren. Herr von Ibelin wählte nun jede Nacht verschiedene seiner Leute aus, die in der Dunkelheit ganz nackt unter den feindlichen Schiffen hindurchschwammen und dann in der Burg aufgenommen wurden, wo alles nötige für sie bereit lag. Doch gelangten auf diese Weise immer nur wenige hinein, darunter kein einziger Mann von Bedeutung, und nach dem Übergange de Nissa's bedurfte die Besatzung vor allem eines tüchtigen Befehlshabers. Um diesem Mangel abzuhelfen, ordnete der Herr von Beirut an es solle einer seiner Söhne Johann von Arsur oder von Foggia*) mit 100 Mann den Versuch machen auf einem Schiffe die Einfahrt durch die freigelassene Öffnung in einer der folgenden Nächte zu erzwingen. Das Wagnis gelang über alle Erwartung und die nächste Folge davon war ein heftiger Ausfall der Belagerten, bei welchem sie die ganzen Belagerungsarbeiten der Feinde zerstörten**).

---

*) Über Johann von Foggia cf. Ph. d. N. C. 133: l'autrefis de mon seignor de Baruth qui estoit valet et avoit nom Johan, retint il puis que il furent en Surie, et dist que il ly donreit Foges qui est en Puille, et por ce fu il apeles Johan de Foges. Dies ist wahrscheinlicher als die Angaben Amadis bei d. M. L. I, p. 245 (u. danach bei v. Löher p. 154): Suivant un des chroniqueurs d'outremer le quatrième fils de Jean d'Ibelin, nommé comme son père Jean et devenu ensuite seigneur d'Arsur, par la donation de sa mère, se serait attaché d'affection à l'empereur, l'aurait suivi à son retour en Italie, et aurait reçu de lui la possession ou la garde du château de Foggia dans la Capitanate, d'où lui serait venu le surnom de Jean de Foies, qu'il porta parmi les Chypriotes". — Es erklärt sich also aus der Angabe Novaires die Entstehung dieses Beinamens auf die natürlichste Weise. Hätte aber der junge Ibelin Kaiser Friedrich wirklich mit nach Italien begleitet, so würde ihm dieser bei der so bald erfolgten Empörung seines Vaters schwerlich die Rückkehr nach Syrien gestattet haben, um dort mit gegen ihn zu kämpfen, statt ihm in Italien als Geisel zu dienen.

**) Anschaulich schildert diese Vorgänge Novaire C. 164.

Trotz dieses wichtigen Erfolges blieb die Lage der Cyprioten vor der Stadt überaus bedenklich. Sie hatten bei dem Sturm im Hafen von Butron den grössten Theil ihrer Zelte eingebüsst, so dass sie fast schutzlos der Witterung preisgegeben waren, Fleisch zur Nahrung fehlte ihnen gänzlich und ihre Pferde mussten sich in Ermangelung von Gerste mit den Blättern von Zuckerrohr begnügen, die Kaiserlichen aber lebten im Überfluss und erfreuten sich guter, solider Wohnungen. Die Belagerer seinerseits einzuschliessen und von aller Zufuhr abzuschneiden, daran konnte der Herr von Beirut bei seinen geringen Streitkräften nicht entfernt denken und ebensowenig durfte er es wagen die Feinde, die ihm nach Novaire (c. 165) zehnfach überlegen waren und sich auf die Mauern der Stadt stützen konnten, im offenen Felde zu bekämpfen; die Cyprioten wären hier von der kaiserlichen Reiterei rettungslos zusammengehauen worden. Unter diesen Umständen schien es ihm das Beste, da er die Seinigen in der Burg jetzt wieder für lange Zeit geborgen wusste, einstweilen die Cernierung der Feinde vor Beirut aufzugeben, seine Truppen nach Akkon zu führen und sich nach neuen Hülfsmitteln und Bundesgenossen umzusehen. Er hoffte dabei in erster Linie die Unterstützung des Fürsten von Antiochia, Bohemunds IV. zu erlangen, weil dieser bei der Anwesenheit Friedrichs II. im Orient sich in offne Feindseligkeit zum Kaiser gesetzt hatte.

Er schickte noch vor seinem Aufbruch von Beirut eine Gesandtschaft, bestehend aus Philipp de Novaire, seinem ältesten Sohne Balian und einem seiner Vertrauten, Guillaume Vicomte nach Tripoli, um hier die schon früher von dem letzteren geleiteten Unterhandlungen betreffs einer Vermählung der einen Schwester König Heinrichs, Isabella, mit dem jüngsten Sohne Bohemunds, dem Prinzen Heinrich, von neuem aufzunehmen. Er versprach ihm mit der Hand der Prinzessin eine reine Mitgift an Lehnsgütern in Cypern für seinen Sohn Heinrich, wenn er ihm dafür Hültstruppen zur Befreiung von Beirut senden wolle. Die Gesandten sahen sich anfangs von dem Fürsten sehr ehrenvoll aufgenommen und die Verhandllungen versprachen den besten Erfolg, bis die Kunde von dem Abzug der Cyprioten von Beirut nach Tripoli gelangte, was in dem Benehmen des Fürsten einen vollständigen Umschwung herbeiführte. Wahrscheinlich hielt er die Sache Ibelins dadurch für verloren, jedenfalls nahm er jetzt eine entschieden feindselige Haltung gegen die Gesandten an. Als diese eines Tages von einem Ausfluge nach Tripoli zurückkehrten, wurde ihnen ihre bisherige Wohnung in einem Gebäude des Tempelordens, Namens Monquocu, verweigert, mit dem Bedeuten, dass man sich nicht um ihretwillen der Rache der Kaiserlichen aussetzen wolle. Auch die dortigen Johanniter und Cistercienser versagten ihnen unter dem gleichen Vorwande die Aufnahme, so dass sie gezwungen waren, ihr Unterkommen ausserhalb der Stadt in einem Meierhofe, genannt „Die Tenne des Bischofs" zu suchen, das ihnen ein Ritter, der Vikar des Bischofs von Tripoli, schliesslich verschaffte. Wirklich war dem Fürsten Bohemund vom Marschall Filangieri ein, nach Nov. C. 167 gefälschtes, Schreiben des Kaisers zugegangen, worin er ihn ersuchte seinen Feinden keine Aufnahme noch irgend welche Unterstützung zu gewähren. Der Fürst sandte dieses an Novaire, mit der Bitte es Balian von Ibelin zu übergeben und ihn bei diesem wegen seiner ablehnenden Haltung zu entschuldigen. Novaire entledigte sich des ihm gewordenen Auftrages und setzte auch den Herrn von Beirut brieflich von den dortigen Vorgängen in Kenntnis, wies aber eine von Bohemund, der ihm persönlich sehr wohl wollte, angebotene Dotation entschieden zurück und sandte ihm dafür ohne Vorwissen seines Herrn einen kurzen Spottvers, worin er ihm seine zweideutige Haltung bitter vorwarf*). Ein solches Verfahren

---
*) Ph. d. N. C. 167:
„Malvaises gens, fally de ceur,
Je ne pues soufrir à nul fuer
Que l'on ne die que vous estes."
„Verworfenes Pack, voll Trug und List,
Zu sagen offen, wie du bist,
Soll keiner auf der Welt mir wehren."

konnte den Fürsten natürlich gegen die Gesandten nicht günstiger stimmen; er untersagte ihnen jetzt sogar die Abreise zu Lande und zu Wasser und Balian von Ibelin sah sich deshalb genötigt den Sultan Malek-Aschraf von Damaskus um freien Durchzug durch sein Gebiet zu bitten, was ihm dieser auch gewährte*). Jedoch der bald darauf erfolgende Abzug der Kaiserlichen von Beirut änderte wieder die Stimmung in Tripoli zu Gunsten der Cyprioten und ermöglichte es Balian Ibelin sich mit seinem ganzen Gefolge ungehindert von Tripoli nach Beirut entfernen zu dürfen.

Der Herr von Beirut hatte sich von dieser Stadt zunächst nach Sidon begeben, wo er den jungen König und den grössten Teil seiner Truppen unter dem Oberbefehl von Anselm de Brie zurückliess; er selbst zog mit dem Reste des Heeres weiter nach Akkon, um hier, wo der Hass und Widerwillen gegen die kaiserliche Oberherrschaft am heftigsten glühte, die Bevölkerung zur offenen Empörung aufzureizen. Gleich nach seiner Ankunft berief er die Einwohnerschaft in die Kirche, leistete hier der Brüderschaft von St. Andreas den Eid seines Zutritts und hielt eine zündende Rede, die ihren Eindruck nicht verfehlte. Am Schluss derselben wies er die Versammelten

---

*) Dass es Novaire allein gelungen sei von dem ganzen Gefolge Balians durch das Gebiet des Sultans nach Akkon zu entkommen, wie d. M. L. I, p. 275 nach Amadi fol. 109 und Beugnot a. a. O. p. 9 berichtet und v. Löher p. 154 wiederholt, findet durch dessen eigene Angaben keine Bestätigung. Er selbst sagt es zwar nicht ausdrücklich, aber es ergiebt sich aus dem ganzen Zusammenhange, dass er erst mit Balian von Ibelin und den übrigen Begleitern nach Beirut und von dort mit ihnen nach Cypern zurückgekehrt ist. Er verschwindet überhaupt nach Absendung jenes Spottverses an Bohemund für längere Zeit ganz aus unseren Augen' und erwähnt sich erst wieder bei der Einnahme von Famagusta C. 186, was bei seiner bereits gekennzeichneten Vorliebe sich immer in den Vordergrund zu stellen und einen Hauptanteil bei den Ereignissen zuzuschreiben, sicherlich nicht der Fall gewesen wäre, wenn er sich unterdessen in der Umgebung des Herrn von Beirut befunden und an den folgenschweren Kämpfen im Hafen von Akkon oder bei Kasal-Imbert Teil genommen hätte. (Man vgl. auch die folgende Anmerkung.)

darauf hin, dass sie die schönste Gelegenheit hätten, den Feinden sofort einen schweren Schlag zu versetzen, indem sie sich der kaiserlichen Fahrzeuge bemächtigten, die noch im Hafen von Akkon vor Anker lägen! Die Wirkung seiner Worte war eine gewaltige. Mit dem Ausrufe „as chalandres zu den Schiffen!" stürzte das ganze Volk an's Meer, warf sich in die bereitliegenden Barken und erstürmte 17 von den feindlichen Fahrzeugen, noch bevor sich die Mannschaften zum Widerstand rüsten konnten; nur einem einzigen, das am äussersten Ende lag gelang es zu entkommen und die Nachricht dem Marschall Filangieri nach Tyros zu überbringen *).

---

*) So erzählt diesen Vorgang in schlichter, aber glaubwürdiger Weise der Verfasser der Est. de Er. p. 395 f. Novaire dagegen, dem sich Amadi und Florio Bustron anschliessen, lässt die Wegnahme der kaiserlichen Flotte erst nach der Niederlage der Cyprioten bei Kasal-Imbert stattfinden und die Longebarden die Belagerung auf die einfache Nachricht von dem Herannahen des Herrn von Ibelin mit einem Entsatzheere aufgeben. Dies ist in doppelter Hinsicht höchst unwahrscheinlich, da die Longebarden sich in Beirut längere Zeit sehr wohl halten und ausserdem von Tyros leicht Verstärkungen heranziehen konnten, während andererseits der Herr von Beirut nach der Niederlage der Seinigen bei Kasal-Imbert, wo sogar von seinen eigenen Anhängern einzelne in ihrer Treue schwankend wurden und zu einem Vergleich mit den Kaiserlichen rieten, die Bewohner von Akkon kaum so leicht zu einem Überfall der feindlichen Flotte bewogen haben würde. Auch Fürst Bohemund möchte wohl kaum seine feindlichen Gesinnungen so schnell geändert und Balian v. Ibelin nebst seinen Genossen den freien Abzug nach Beirut gestattet haben, wenn es nicht unter dem überwältigenden Eindruck geschehen wäre, den die Wegnahme der kaiserlichen Flotte auf Freund und Feind hervorbringen musste. Da sich ferner Novaire, wie wir in der vorigen Anmerkung gezeigt haben, damals bei Balian in Tripoli, fern vom königlichen Hauptquartier befand, er also nur nach Hörensagen über alle diese Ereignisse berichtet, so ist bei seiner sonstigen Verworrenheit und Ungenauigkeit ein solcher chronologischer Irrtum nicht weiter befremdlich. Auch die von ihm erwähnte Mitwirkung des Patriarchen Gerold von Jerusalem lässt sich mit dem Berichte des Verfassers der Est. de Er., der sich in der Regel nur auf die Hauptsachen beschränkt, vollständig in Einklang bringen. Es ist sehr wohl denkbar, dass der Herr von

Bald nach diesem wichtigen Ereignis traf auch König Heinrich mit der Hauptmacht in Akkon ein und der Herr von Beirut beschloss mit Hülfe der dortigen Bürger und Genuesen den Marschall nun seinerseits in Tyros zu belagern. Sobald dieser davon Kunde erhielt, sandte er schleunigst seinem Bruder Lothar, der seit kurzem an seiner Statt vor Beirut kommandierte, den gemessenen Befehl die Belagerung der Burg sofort aufzuheben und mit seinem Korps zu ihm nach Tyros zu eilen. Lothar gehorchte, liess die Belagerungswerkzeuge verbrennen und führte seine sämmtlichen Truppen und Fahrzeuge nach Tyros.

Die Aufhebung der Belagerung seiner Burg und die Vereinigung der kaiserlichen Streitkräfte in Tyros bewogen den Herrn von Beirut zunächst von einem weiteren Vorrücken gegen diese Stadt abzustehen und bei einem kleinen Orte Kasal-Imbert (lat. Casale Lamperti oder Castrum Imberti) am Pass Poulain, fast in der Mitte zwischen Tyros und Akkon, mit seinem Heere Halt zu machen. Hier suchte ihn der Patriarch von Antiochia, Albert von Brescia auf, der mit Ibelin und dem Könige im Auftrage Filangieris verhandeln und womöglich einen friedlichen Vergleich herbeiführen sollte.

Der Herr von Beirut, der nach Philipp de Novaire niemals einen annehmbaren Frieden ausschlug, zumal, wenn er der Sieger war, lieh dem Prälaten willig Gehör und begab sich mit ihm zur näheren Vereinbarung der Bedingungen nach Akkon, wohin ihm seine Ratgeber und ein ansehnlicher Teil der Truppen begleiteten; der junge König nebst drei Söhnen Ibelins, Balduin, Hugo und Guido blieben mit dem Rest des Heeres im Lager von Kasal-Imbert zurück. Die Aufsicht

---

Beirut zuerst den Patriarchen ersucht hat die Bürgerschaft von Akkon zur Wegnahme der kaiserlichen Flotte zu bewegen und dann auf dessen Vorgeben sich nicht in Kriegsangelegenheiten mischen zu wollen — in Wahrheit wohl um nicht den Zorn des Kaisers auf sich zu laden — persönlich das Volk in der Kirche aufgefordert hat, sich kurzer Hand der longebardischen Fahrzeuge zu bemächtigen; cf. Ph. d. N. C. 181., Fl. B. p. 91 f.

darüber während der Abwesenheit des Herrn von Beirut war Anselm de Brie übertragen worden; dieser jedoch, im Vertrauen auf seine Tapferkeit und die weite Entfernung des feindlichen Hauptquartiers, unterliess es auch nur die einfachsten Vorsichtsmassregeln zu treffen, obwohl er von seiner Umgebung darauf aufmerksam gemacht wurde, dass sie keineswegs vor einem Überfall der Kaiserlichen völlig gesichert wären. Nur auf dem Wege nach Akkon, von wo nicht die geringste Gefahr drohte, liess er die gewohnten nächtlichen Posten aufstellen, mit deren Kommando er den erst siebzehnjährigen gleichnamigen Neffen des Herrn von Beirut, Johann von Ibelin, nachmaligen Grafen von Askalon und Jaffa, betraute; dagegen der Weg nach Tyros, auf dem die Feinde überhaupt nur herankommen konnten, blieb ganz unbewacht. Seine Versäumnis sollte schwer bestraft werden. Marschall Filangieri, der durch seine Spione von allen Vorgängen im Lager von Kasal-Imbert aufs genaueste unterrichtet wurde, hatte kaum von diesen Dingen Kunde erhalten, als er sich sogleich bei eingebrochener Dunkelheit mit einer starken Abteilung von Tyros zu Lande gegen Kasal-Imbert in Bewegung setzte, während ein Geschwader von 22 Galeeren längs der Küste folgte. Noch vor Tagesanbruch erreichten sie das feindliche Lager und überraschten die Cyprioten vollständig. Mitten im Schlafe überfallen, behielten die wenigsten von ihnen Zeit sich ordentlich anzukleiden und zu bewaffnen, doch suchten sie sich so gut als möglich zu verteidigen und leisteten den Feinden mannhaften Widerstand. Anselm de Brie, der sich zu spät der auf ihm ruhenden Verantwortlichkeit bewusst ward, suchte seinen Leichtsinn durch heldenmütige Tapferkeit wieder gut zu machen, wobei ihn die Söhne Ibelins nach Kräften unterstützten; der eine von diesen, Balduin, erhielt eine gefährliche Wunde. Ebenso zeichnete sich in diesem nächtlichen Kampfe auch der junge Neffe Ibelins aus, der wegen seiner damals bewiesenen Tapferkeit sein ganzes Leben lang gepriesen wurde; freilich sollte er später als Verfasser der Assisen von Jerusalem seinen Namen noch weit berühmter machen. Den jungen König hatte gleich beim Eindringen der Feinde der mit seiner persönlichen Obhut betraute Ritter, Namens Jean Babin, auf ein Pferd gesetzt und unter dem Schutz von ein Paar zuverlässigen Dienern schleunigst den Weg nach Akkon einschlagen lassen; er selbst stürzte sich wieder ins Getümmel, wo er verwundet und gefangen genommen wurde. Als es inzwischen Tag geworden war und nun auch die kaiserlichen Truppen aus den Schiffen ans Land stiegen und im Lager erschienen, vermochten die Cyprioten der Übermacht nicht länger Stand zu halten und suchten ihr Heil in der Flucht; nur eine kleine Anzahl zog sich kämpfend nach einem benachbarten Turme zurück, fest entschlossen sich hier bis auf's äusserste zu verteidigen. Die Kaiserlichen erbeuteten in diesem Kampfe nicht nur das ganze feindliche Lager, sondern nahmen auch noch 24 Ritter gefangen. Verluste an Todten und Verwundeten hatten beide Teile zu beklagen, doch werden von den Quellen, die ja mehr oder minder auf Seiten der Cyprioten stehen, nähere Ziffern nicht angegeben, weshalb man annehmen darf, dass sie bei diesen sehr beträchtlich, bei den Longobarden dagegen nur geringfügig gewesen sind.

Der Herr von Beirut erhielt noch während des Kampfes von dem Überfalle Nachricht und brach schleunigst an der Spitze seiner Ritter von Akkon nach dem Lager auf. Der erste, der ihm unterwegs entgegen kam, war der junge König mit seinen Begleitern, wegen dessen glücklicher Errettung er dem Herrn laut seinen Dank darbrachte. Darauf setzte er seinen Weg fort und stiess nach einiger Zeit auf einen alten Diener seines Hauses, der ihm mit tränenden Augen schon von weitem die falsche Trauerbotschaft zurief, dass seine drei Söhne sämmtlich gefallen wären. Der Herr von Beirut tat so, als ob er nichts gehört hätte und ritt ruhig weiter, worauf ihm jener nochmals zurief: „Herr, ich sage Euch Eure Söhne sind sämmtlich gefallen!" „Schweig, elender Bauer," erwiderte jener unerschüttert, „so geziemt es sich für Ritter, wenn sie ihr Leben und ihre Ehre verteidigen."

Beim Herrannahen des Herrn von Beirut standen die Longebarden sogleich von der Bestürmung des Turmes ab und bewerkstelligten glücklich ihren Rückzug durch den Pass Poulain, wodurch sie vor einer weiteren Verfolgung gesichert waren. In dem Turme traf der Herr von Beirut zu seiner freudigen Überraschung die meisten seiner Freunde und zwei seiner Söhne wohlbehalten am Leben, den dritten, Hugo, entdeckten sie nachträglich in einem alten mit Zinnen versehenen Gebäude des Meierhofes, wohin er sich nach Verlust seines Pferdes mit einem Begleiter geflüchtet und hier durch Herabschleudern von Steinen gegen die Feinde verteidigt hatte. Die im Lager gesammelten Trümmer seines Heeres führte der Herr von Beirut ohne weitere Gefährdung nach Akkon zurück. Der Kampf bei Kasal-Imbert fand statt Dienstag den dritten Mai 1232, gerade an dem Tage, an welchem König Heinrich sein 15. Jahr vollendet hatte und nach den überseeischen Gesetzen mündig geworden war.

Zweite Periode.

Zweiter Abschnitt.

Von der Rückkehr der Longebarden nach Cypern bis zur Übergabe von Cherines, Mai 1232 bis Mai 1233.

Der Überfall bei Kasal-Imbert bezeichnet einen Wendepunkt in den bisherigen Ereignissen. Die Kaiserlichen hatten damit nicht nur an ihren Feinden für die Wegnahme ihrer Schiffe vor Akkon glänzend Genugtuung genommen, sondern sahen sich durch ihren Sieg auch in den Stand gesetzt den Krieg wieder nach Cypern verlegen zu können. Marschall Filangieri sandte gleich nach seiner Rückkehr die zu ihm übergegangenen Cyprioten unter Ballas nebst einem Teile seiner eigenen Mannschaften nach der Insel, um sich derselben von neuem zu bemächtigen; er selbst folgte ihnen bald darauf mit den übrigen Truppen dorthin nach, als er sah, dass König Heinrich und der Herr von Beirut ebenfalls Vorbereitungen trafen wieder nach Cypern überzusetzen; in Tyros blieb nur eine geringe Besatzung zurück.

Die Kaiserlichen machten auf Cypern anfangs die besten Fortschritte. Hernoul de Giblet, der Stellvertreter Ibelins, der es unterlassen hatte die Festungen der Insel genügend zu verproviantieren, traf die Ankunft der Longebarden völlig unvorbereitet. Diese bemächtigten sich daher mit leichter Mühe des Kastells von Famagusta und der wichtigen Festungen Cherines und Kantara. Nur Dieudamour, in welches sich Hernoul de Giblet mit den beiden Schwestern des Königs, Maria und Isabella, geflüchtet hatte, leistete unter seinem erfahrenen Kommandanten Philipp de Kafran Widerstand und musste von den Feinden belagert werden, doch konnte auch seine Übergabe, wenn nicht baldige Hülfe nahte, aus Mangel an Lebensmitteln nur eine Frage der Zeit sein. Viele Frauen und Kinder der Anhänger Ibelins, die sich nicht mehr nach Dieudamour flüchten konnten, suchten in den Kirchen und Klöstern Nikosias eine Zuflucht, in der Hoffnung, dass sie an den geheiligten Orten vor der Gewalttätigkeit der Feinde geschützt sein würden. Aber diese nahmen, wie wenigstens Novaire berichtet, darauf nicht die geringste Rücksicht, rissen die Schutzflehenden gewaltsam von den Altären, luden sie auf Karren und Esel und führten sie unter Misshandlungen nach Cherines in die Gefangenschaft. Andere von den Flüchtigen verbargen sich in Wäldern und Höhlen, wo sie kümmerlich ihr Leben von Ähren fristeten, die ihnen die dortigen Hirten zutrugen*). Einer einzigen von den vornehmen Damen gelang es sich noch nachträglich in Sicherheit zu bringen, nämlich Eschiva von Montbeliard, der Gattin Balians von Ibelin. Diese hatte sich ebenfalls beim Herannahen der Longebarden

---

*) Ph. d. N. C. 177 und 178; Fl. B. p. 91.

mit ihren Kindern in das Haus der Johanniter zu Nikosia zurückgezogen, dann aber, dem Schutze dieses Zufluchtsortes misstrauend, entwich sie in der Verkleidung eines Franziskanermönchs und begab sich nach Schloss Buffavento, wo ein königlicher Ritter Guinart de Konches kommandierte. Diesen bewog sie das Schloss in aller Eile mit genügenden Vorräten und Mannschaften zu versehen und dem Feinde die Tore zu schliessen. So blieb auch dieser Waffenplatz den Cyprioten erhalten, die ganze übrige Insel gehorchte dem Marschall.

Kehren wir jetzt wieder zu dem Herrn von Beirut und der Partei des Königs zurück. Ihre Sache erschien nach der Niederlage bei Kasal-Imbert fast aussichtslos; die moralische Einbusse, die das Ansehen Ibelins dadurch erlitten, wog noch schwerer als die materiellen Verluste und es fehlte nicht viel, so hätte sich ein grosser Teil der Ritter von ihm getrennt und auf eigne Hand mit Filangieri einen Separatfrieden geschlossen. Allein der Herr von Beirut, dessen Umsicht und Tatkraft mit den Gefahren zu wachsen pflegte, verzagte nicht und die Treue und Anhänglichkeit seiner Verwandten zeigte sich jetzt im schönsten Lichte. Sein einer Neffe, Johann von Cäsarea, verkaufte eines seiner Landgüter dem Johanniterorden für 16 000 Byzantiner (Dukaten), ein anderer, Johann von Ibelin, eins von den seinigen an die Templer für 15 000 Byzantiner. Diese Summe stellten sie ihrem Oheim bereitwillig zur Verfügung, der davon einen Teil denjenigen seiner Anhänger vorschoss, die bei Kasal-Imbert besonders schwer von Verlusten betroffen worden waren, den Rest auf die Anwerbung von Manschaften verwendete. Die Flotte der Cyprioten, welche aus den erbeuteten kaiserlichen Salandern und einer Anzahl*) von Schiffen der Genuesen und Pulanen bestand, welche der König gegen Überlassung cyprischer Lehnsgüter für den Seedienst gewonnen hatte, brach zu Pfingsten am 30. Mai

---
*) Ph. de N. C. 181: Hastivement s'apareillerent et murent assés de Pouleins dou port qui avoient, ne say quaus vaisseaus armés.

1232 von Akkon auf*) und segelte zunächst nach Sidon (Saëte). Hier vereinigten sie sich mit Balian von Ibelin, der inzwischen mit seinem Gefolge von Tripoli nach Beirut zurückgekehrt war, sowie mit Johann von Foggia, dem Kommandanten der Burg von Beirut, der alle seine entbehrlichen Leute dem Könige zuführte**). Beständig von longebardischen Fahrzeugen umschwärmt, die aber, weil in der Minderzahl, keinen Angriff zu unternehmen wagten, fuhren die Cyprioten von Sidon direkt nach Cypern zum Cap de la Greca***) wo sie durch einen Späher die Nachricht erhielten, dass der Kern der feindlichen Armee nebst der Flotte sich im Hafen von Famagusta befände. Obwohl die kaiserlichen Truppen denen der Cyprioten wieder fast um das zehnfache überlegen waren — nach Novaire (C. 184) zählten sie allein 2000 Berittene, die Cyprioten nur 233 — beschloss der Herr von Beirut sich unverzüglich gegen Famagusta zu wenden und die Feinde trotz ihrer Übermacht anzugreifen. Bei ihrer Ankunft vor Famagusta fanden sie

---

*) Est de Er. p. 400; der Herausgeber bemerkt dazu: En l'année 1232, la Pentecôte tombait le 30. mai, Pâques étant le 11. avril.

**) So nach Ph. d. N. C. 182. Amadi und Fl. Bustron -- danach d. M. L. I, p. 283 und v. Löher p. 162 — lassen die Vereinigung erst beim Kap la Greka (im Altertum Pedalion) auf Cypern erfolgen. Aber Novaire berichtet hier wieder als Augenzeuge und es liegt kein Grund vor die Richtigkeit seiner Angaben zu bezweifeln, die noch dazu durch die Est. de Er. indirekt bestätigt werden. Daselbst heisst es p. 400: Li rois Henris et li Chypres, qui o liu estoient, firent charger et murent dou port d'Acre le jor de la Pentecoste, et alerent tres que la Saete, et d'en qui murent et passerent en Chypre, et arriverent en l'isle de Famagoste. Wozu brauchten die Cyprioten aber erst nach Sidon zu segeln, wenn sie nicht triftige Gründe dazu nötigten? Denn es schien geraten, die Vereinigung schon auf dem Festlande und zwar in Sidon wegen seiner fast gleichweiten Entfernung von Akkon und Tripoli zu bewerkstelligen, weil die gesammte Flotte wegen der Nachstellungen der feindlichen Fahrzeuge die Überfahrt mit grösserer Sicherheit wagen konnte als die einzelnen Abteilungen.

***) Ph. d. N. C. 183; Fl. B. p. 92.

den ganzen Strand von feindlichen Truppen besetzt, so dass an dieser Stelle an keine Landung zu denken war. Die königliche Flotte ging deshalb vorläufig bei einem vor dem Hafen liegenden Inselchen vor Anker und landete hier das Heer, welches vor allem trotz des lebhaften Schiessens der Feinde eine schmale Meerenge besetzte, durch die man bei niedrigem Wasserstande leicht an das Festland gelangen konnte. Bis um Mitternacht blieben die Cyprioten auf der Insel und rüsteten sich zum bevorstehenden Kampfe. Nun fuhr eine Schaar in Barken und Kähnen bis in die Mitte des Hafens und rief hier mit lauter Stimme: „Es lebe König Heinrich!" Die Feinde, in der Meinung der König befände sich bereits mit der ganzen Streitmacht in der Stadt, erhoben keine Gegenwehr, sondern warfen Feuer in ihre Schiffe und marschierten noch vor Tagesanbruch nach Nikosia ab*). Ohne irgend welchen Widerstand zu finden, zog König Heinrich am andern Morgen mit seinem kleinen Heere in Famagusta ein; blos in dem Hafenturme hatten die Feinde eine Besatzung zurückgelassen, die sich aber unter günstigen Bedingungen alsbald ergab. Ihrem Beispiele folgte Kantara im Karpassdistrikte, das nach der Einnahme von Famagusta auf die Dauer nicht zu halten war. Die Verhandlungen leitete in beiden Fällen Philipp de Novaire, der hier seit seiner Mission nach Tripoli zuerst wieder als Handelnder auftritt**).

Nach dreitägigem Aufenthalte in Famagusta brach König Heinrich und der Herr von Beirut zur Verfolgung Filangieris nach Nikosia auf. Es war ein Unglück für den Marschall, dass sein Heer zum grössten Teil aus fremden Landsknechten bestand, welche kein Interesse daran hatten die Insel zu schonen und daher ihren Marsch durch Spuren roher Ver-

---

*) Ph. d. N. C. 185; etwas abweichend die Est. d. Er. p. 400: et en descendirent sanz contens et sanz contredit.

**) Novaire lässt, entgegen seiner früheren Angabe, zugleich mit Kantara auch Buffavento kapitulieren C. 186: il ly rendirent la Candare et Bufevent, was aber wohl nur durch die Schuld der Abschreiber in den Text gekommen ist.

wüstung bezeichneten. Sie steckten das Getreide, das auf den unermesslichen Feldern der Messariaebene in voller Reife stand oder zum Teil schon geschnitten auf den Tennen lag, in Brand, zerstörten die Hütten der Landleute und zerbrachen die Wassermühlen von Kythräa, (im Altertum Chytroi), sowie die Handmühlen von Nikosia *). Durch dieses ebenso barbarische wie unkluge Verfahren schadeten sie aber der kaiserlichen Sache in hohem Grade, denn sie brachten dadurch auch die ländliche griechische Bevölkerung gegen sich auf und die Cyprioten erblickten darin die sichersten Anzeichen, dass die Feinde selbst nicht mehr an die dauernde Behauptung des Landes glaubten. Filangieri wartete die Ankunft der Cyprioten in Nikosia nicht ab, sondern marschierte, in dem Bestreben sich für jeden Fall den Rückzug nach Cherines, seinem Hauptstützpunkte, offen zu halten, nach dem Gebirge von Pentedáktylon, welches die Nordküste von der Ebene von Nikosia trennt, wo er sich mit seinen Truppen vor den Engpass von Agridi lagerte, der den einzigen Zugang von Nikosia nach Cherines bildet. An diesem strategisch hochwichtigen Punkte wollte er den Feinden entgegentreten**).

Als König Heinrich und Ibelin in Nikosia einrückten, waren sie nicht wenig erstaunt nirgends auf einen Feind zu stossen und die Stadt ganz unverteidigt zu finden. Sie argwöhnten eine Kriegslist dahinter, die Longebarden möchten einen neuen Überfall planen, und führten daher gegen Abend ihre Truppen wieder zur Stadt hinaus, wo sie an einem Orte, Namens Trakona, der auf der einen Seite durch lauter Gärten, auf der anderen durch einen Graben gedeckt war,

---

*) Ph. d. N. C. 186: les molins de la Queterie; Fl. B. p. 93: e poi venero a Chitria etc.; über die Quellen von Kythräa cf. Baker a. a. O. p. 66 f. ·

**a) Dass Filangieri die Cyprioten nicht schon in der Ebene zum Kampfe zu zwingen suchte, wo die Aussichten auf Erfolg bei seiner überlegenen Reiterei für ihn so günstig waren, erscheint unbegreiflich, wenn es nicht vielleicht aus übergrosser Vorsicht geschah, weil er, im Falle eines unglücklichen Ausganges, von Cherines, seinem einzigen Zufluchtsorte, abgeschnitten zu werden fürchtete.

ein Lager aufschlugen und die ganze Nacht in grösster Wachsamkeit verbrachten. In der Frühe des anderen Morgens, Dienstag, den 15. Juni 1232*) brachen sie nach dem Engpass auf, um den Feinden, falls diese aus ihrer unangreifbaren Stellung auf den Höhen herabsteigen sollten, daselbst die Entscheidungsschlacht zu liefern.

Die Kaiserlichen standen in der Nähe des Dorfes Agridi, welches die Cyprioten passieren mussten, wenn sie der eingeschlossenen Besatzung von Dieudamour, die nur noch auf zwei Tage mit Lebensmitteln versehen war, zu Hülfe kommen wollten. Zu diesem Zweck sandten sie eine Anzahl Fusstruppen auf steilen Felspfaden voraus, denen das Heer in der Ebene bis zum Fusse des Gebirges nachfolgen sollte. Als die Feinde die Cyprioten in so geringer Anzahl herankommen sahen, glaubten sie das Häuflein mit leichter Mühe gefangen nehmen zu können und begannen hastig aus ihren Stellungen herabzusteigen. Damit erfüllten sie den sehnlichsten Wunsch des Herrn von Beirut, der nun nicht länger am Siege zweifelte. Er stellte seine kleine Armee in vier Kolonnen zur Schlacht auf: Die erste kommandierte sein dritter Sohn Hugo, die zweite Anselm de Brie, die dritte sein Sohn Balduin und die vierte sein Neffe Johann von Cäsarea; eine Reserveabteilung, bei der sich auch der König und sein Neffe Johann von Ibelin befanden, behielt er für sich selbst zurück**). Sonst pflegte sein ältester Sohn Balian das Vordertreffen zu führen, aber diesmal entzog ihm sein Vater diesen Posten und erklärte sich nur dann bereit ihm denselben einzuräumen, wenn er ihm eidlich verspräche, sich wieder mit der Kirche zu versöhnen, denn einem Gebannten zieme es nicht an der Spitze eines Heeres zu stehen. Balian war nämlich wegen seiner Ehe mit Eschive de Montbeliard, der Wittwe

---

*) Das Datum übereinstimmend bei Ph. d. N. C. 189 und Est. de Er. p. 400.

**) Ph. d. N. C. 189 weicht in dieser Aufzählung etwas von den übrigen Quellen ab, die blos drei Kolonnen angeben, aber als Teilnehmer der Schlacht verdient sein Bericht den Vorzug.

von Walter de Montaigu, exkommuniziert worden, weil die katholische Kirche diese Verbindung wegen allzunaher Verwandtschaft als unerlaubt ansah*). Balian weigerte sich auf diesen Wunsch seines Vaters einzugehen und auch seinen Vorschlag sich dann zu ihm in die Nachhut zu stellen, lehnte er ab. Er begab sich zunächst zu den beiden ersten Kolonnen, erteilte hier den Führern Hugo von Ibelin und Anselm de Brie im Vorbeigehen noch einige gute Ratschläge und sammelte ein Paar von seinen Anhängern um sich, die ihm auch nach seiner Exkommunizierung treu geblieben. Es waren nicht mehr als fünf: Philipp de Novaire und Raynaud de Flassou, seine Vasallen, ferner Pierre de Montolif, der in seinem Solde stand, Robert de Mameni und Eudes de la Ferté, die er zu Rittern geschlagen hatte. Mit diesen postierte er sich mitten vor den Eingang des Engpasses, als die Masse des feindlichen Heeres eben im Begriff stand daraus hervorzubrechen, und hielt hier die Longobarden geraume Zeit in Schach, bis sie endlich nach langer, ruhmvoller Verteidigung von der ungeheuren Übermacht zurückgedrängt wurden. Die Vorhut der Feinde unter dem Grafen Walter von Manupello**) hatte

---

*) In dem Exkommunikationsschreiben des Papstes Gregor IX. an den Erzbischof von Nikosia, vom 5. März 1231, gegeben im Latran, bei d. M. L. III, p. 629 f. heisst es unter anderem: „Per tuas siquidem nobis litteras intimasti quod cum dudum nobilis vir Balianus filius domini Beritensis, cum nobili muliere Echiva, filia quondam nobilis viri Gualterii de Montebeliardo, nobilis viri Gerardi de Monteacuto relicta, que tertio et quarto gradu consanguinitatis attingit eundem, matrimonium seu contubernium potius . . . clandestine contrahere presumpsisset in totius terre Transmarine scandalum et suarum periculum animarum".

**) Nach d. M. L. I, p. 287, An.; v. Löher p. 165 vermutet unter dem Grafen Walter von Manupello einen Edelmann von deutscher Abstammung, Namens Manhübel oder Manebel. Dieser Annahme stehen aber die Urkunden entgegen bei Huillard-Bréholles Hist. diplom. Friderici II, Paris 1852 ff., aus denen hervorgeht, dass er aus dem italienischen Geschlechte de Palearia abstammt, z. B. VI, p. 779 f.: Fridericus Romanorum imperator, conventiones et pacta per Gualterium de Palear comitem de Manupello et sacri imperii vicarium generalem civitati Fermanae facta confirmat; u. p. 792: Sub

den Pass bereits früher durchzogen und mit den heranrückenden cyprischen Heerhaufen zu plänkeln versucht; doch diese, dem strengen Verbote des Herrn von Beirut ihre Reihen nicht zu verlassen, pünktlich gehorchend, setzten unbekümmert ihren Marsch nach Dieudamour fort, so dass Graf Walter, dessen Verbindung mit der Hauptarmee unterbrochen war und der ohne den ausdrücklichen Befehl Filangieris die Nachhut nicht anzugreifen wagte, es vorzog vollends in die Ebene hinabzusteigen und hier den Verlauf des Kampfes abzuwarten. Inzwischen war auch die erste cyprische Kolonne mit dem feindlichen Centrum unter Beroardo de Manupello handgemein geworden und lief bereits Gefahr der Wucht des Ansturms zu erliegen, als noch rechtzeitig Balduin von Ibelin und Anselm de Brie mit den Ihrigen herbeieilten und das Gleichgewicht wieder herstellten. Als der Letztere den Grafen Beroardo im Getümmel erblickte, drang er auf ihn ein, packte ihn beim Helme, hob ihn vermöge seiner Riesenkraft aus dem Sattel und schleuderte ihn mit dem Ausruf „tödten, tödten!" zur Erde. Eine Schaar von 50 bis 60 cyprischen Fusssoldaten, die, wie erwähnt, nach Agridi vorausgesandt, gerade von dort zurückkehrten, stürzten sich sofort auf den hülflos daliegenden und hieben ihm das Haupt ab. Ebenso erging es noch 17 Rittern seines Gefolges, die von den Pferden gestiegen waren, um ihrem Anführer wieder in den Sattel zu helfen. Anselms Ruf „tödten, tödten", pflanzte sich stürmisch in den Reihen der Cyprioten fort, die darin gleichsam ein Anzeichen des Sieges erblickten. Nicht wenig trug zu ihrem glänzenden Erfolge in diesem Gefechte der Umstand bei, dass sie über eine grössere Anzahl von Fusssoldaten verfügten, die ihren Gegnern trotz ihrer bedeutenden Uebermacht gänzlich mangelten. Sobald einer von ihren Reisigen vom Pferde

---

vicesimo autem die ejusdem mensis (Juli 1250) comes Galterius de Manupello fidelis et familiaris noster etc. Anmerk. b: Graece ὁ κόντος Γαλτέριος δε Μουναπολέ, quod intelligendum est de Manupello, non vero de Monopulo; vgl. auch Ficker, a. a. O. III, p. 518.

gestürzt war, eilten diese herbei und halfen ihm wieder auf die Beine, kam aber einer von den Longebarden zu Falle, so liessen sie ihm keine Zeit sich wieder aufzurichten, sondern tödteten ihn auf der Stelle oder nahmen ihn gefangen. In Folge dessen belief sich der Verlust der Kaiserlichen in diesem Kampfe an Todten auf 60, an Gefangenen auf 40 Ritter, während die Cyprioten nur einen einzigen Ritter einbüssten, der, aus Toskana gebürtig, wegen seiner italienischen Aussprache des Schlachtrufes irrtümlicherweise von seinen eigenen Gefährten erschlagen wurde. Der Sieg der Cyprioten war vollständig, auch Marschall Filangieri, der mit Barlas die Nachhut führte, vermochte dem Treffen keine bessere Wendung zu geben; die Seinigen wichen bald auf allen Punkten und suchten in wilder Flucht die Tore von Cherines zu erreichen, wohin sie sich vor den nachfolgenden Feinden nur mit Mühe retteten*).

Der erste unmittelbare Erfolg, der den Cyprioten nach der Schlacht von Agridi zufiel, war die Entsetzung von Diendamour. Das kaiserliche Belagerungskorps verliess, auf die Nachricht von der Niederlage des Marschalls, schleunigst seine Stellungen und marschierte, da ihm der Weg nach Cherines bereits durch die Feinde verlegt war, auf Nikosia zu, in der Absicht, hier zur Nachtzeit heimlich einzudringen und in den Kirchen und Klöstern eine Zuflucht zu suchen. Aber Novaire, der in Aufträgen des Königs und des Herrn von Beirut bereits nach Nikosia zurückgekehrt war, erhielt davon Kenntnis, zog ihnen entgegen und überfiel sie ausserhalb der Stadt um Mitternacht. Nur einem Teile gelang es sich in die Asyle zu retten, andere wurden getödtet, über 300 gefangen genommen. Unter diesen befanden sich auch drei Söldner-Hauptleute, die das königliche Heer bei seiner Landung vor Giblet in Syrien im Gefolge der rebellischen Barone treulos

---

*) Schilderung der Schlacht nach Ph. d. N. C. 189 u. 190; cf. d. M. L. I, p. 287—290; v. Löher p. 164 ff.

verlassen hatten. Zur Strafe für ihren Treubruch liess sie Novaire grausam verstümmeln*).

Ein ähnliches Schicksal wie dieses Korps ereilte die Abteilung des Grafen Walter von Manupello. Dieser hatte nach dem Verlassen des Schlachtfeldes seinen Rückzug gleich bis Gastria im Karpassdistrikte fortgesetzt, wo er im Konvent der Tempelritter mit den Seinigen Aufnahme zu finden hoffte. Doch diese, noch voller Empörung über die von den Longebarden an wehrlosen Frauen und Kindern kürzlich begangenen Gewalttaten, verweigerten ihnen nun ihrerseits jeden Beistand und schlossen vor ihnen die Tore. Die Flüchtigen sahen sich daher gezwungen im Wallgraben eine Zuflucht zu suchen, wo sie dem vom Herrn von Beirut abgesandten jüngeren Johann von Ibelin in die Hände fielen, der sie sämmtlich nach Nikosia an Novaire ablieferte. Wie bedeutend die Zahl der dort aufgehäuften Gefangenen war, ergiebt sich schon daraus, dass von ihnen allein 145 an ihren Wunden starben, darunter mehrere namhafte Ritter.

Nach der Zertrümmerung dieser feindlichen Abteilungen konzentrierte sich der ganze Kampf um Cherines, dessen Belagerung die Kräfte Ibelins und seiner Getreuen noch für lange Zeit in Anspruch nehmen sollte. Durch seine natürlichen und künstlichen Befestigungen, seine günstige Lage am Meere, die eine völlige Cernierung ohne Flotte unmöglich machte, sowie die Nähe der karamanischen Küste, vereinigte es alle Bedingungen zu einer erfolgreichen Verteidigung und Filangieris Streitkräfte waren mehr als genügend, um allen Angriffen der Feinde begegnen zu können. Da jedoch diese grossen Truppenmassen nur dazu dienten, die vorhandenen Vorräte vor der Zeit aufzubrauchen, ohne

---

*) Ph. d. N. C. 195: Si les fist tous desmembrer, et volentiers les eiist fait pendre, mais il n'en ot loisir etc.; d. M. L. I, p. 291: Il leur fit grâce de la vie, quoique parjures; mais il ordonna de leur couper le pied ou le poing, peine atroce que comportait législation des assises contre les bourgeois.

irgendwelchen Nutzen zu bringen, so liess der Marschall seine Schiffe, die bei Paphos stationiert waren, im Ganzen 22 Galeeren, herbeiholen, um einen Teil derselben fortzuschaffen. Er beschränkte die Besatzung von Cherines auf 50 Ritter unter einem apulischen Edelmann Walter von Aquaviva (Gautier de Eguevine nach Nov. C. 197) und tausend Mann Fusstruppen; den Oberbefehl übertrug er Philipp Génard, der sich bereits bei der Verteidigung von Dieudamour im ersten Kriegsjahre bewährt hatte. Er selbst begab sich mit den übrigen Truppen nach Tarsos zum König Ayton von Kleinarmenien, der ihn zwar ehrenvoll aufnahm, aber keine Unterstützung gewährte. Nachdem er hier, sowie im benachbarten Antiochia und Tripoli längere Zeit erfolglos mit Truppenwerben verbracht und ausserdem viele Leute durch Seuchen verloren hatte, kehrte er nach Cherines zurück. Nach kurzem Aufenthalte brach er, in Begleitung von Barlas, Amalrich de Betsan und Hugo de Giblet, wieder nach Tyros auf, um sich von hier mit den beiden erstgenannten nach Italien zu Kaiser Friedrich zu begeben und von diesem Beistand zu erbitten. Giblet blieb als Stellvertreter des Marschalls in Tyros zurück. Auf Cypern nämlich durften sich die abgefallenen Barone nicht mehr blicken lassen, da bald nach der Schlacht bei Agridi die Haute-Cour zusammengetreten war und jene drei, sowie noch verschiedene andere cyprische Lehnsträger, die sich ihnen angeschlossen, ihrer Güter für verlustig erklärt und auf ewig des Landes verwiesen hatte. Mit ihren Gütern wurden die Anführer der neugeworbenen Truppen ausgestattet.

Die Cyprioten waren unterdessen vor Cherines nicht müssig geblieben; zwar machten sie anfangs nur geringe Fortschritte, da sie in Ermangelung einer Flotte die Stadt nicht von der Seeseite blokieren und in Folge dessen die feindlichen Schiffe ungehindert zwischen Cherines und Tyros verkehren konnten. Dies änderte sich erst, als 13 genuesische Schiffe in zwei Geschwadern nach Limassol kamen, die der Herr von Beirut im Auftrage des Königs in Sold nahm und vor Cherines führte. Ein gemeinsamer Trauerfall unterbrach bald nach der Abreise des Marschalls für einen Augenblick die Feindseligkeiten. Die Königin Alix, Tochter des Marquis von Montferrat, die jugendliche Gemahlin des jungen Königs Heinrich, mit der ihn Kaiser Friedrich vor seiner Abreise nach Europa im Mai 1229 in Limassol (wohl nur „par procuration" cf. de Mas Latrie I, p. 253 und 293) vermählt hatte, und die, als getreue Anhängerin der Kaiserlichen, diesen sogar mit nach Cherines gefolgt war, erkrankte während der Belagerung und starb bald darauf. Die Kaiserlichen setzten die Cyprioten von ihrem Tode in Kenntnis, es ward ein kurzer Waffenstillstand geschlossen und ihre Leiche dem Könige ausgeliefert, der sie in feierlichem Aufzuge von den Rittern nach Nikosia tragen und hier in der Sophienkirche beisetzen liess. Die Cyprioten setzten darauf mit erhöhtem Eifer die Belagerung fort; sie errichteten Wurfmaschinen und zwei grosse bewegliche Türme und bestürmten Cherines bei Tag und Nacht, wobei auf beiden Seiten, besonders durch die Armbrustschützen, viele getödtet oder verwundet wurden. Ein unvorhergesehener Umstand verzögerte jedoch abermals die Fortschritte der Belagerer. Die Eingeschlossenen hatten mit dem Befehlshaber der königlichen Fusstruppen, Martin Rousseau*) heimlich Verbindungen angeknüpft und ihn durch Bestechung für sich gewonnen. Da ihm der Herr von Beirut unbegrenztes Vertrauen schenkte und volle Aktionsfreiheit liess, so war er im Stande die Longebarden immer rechtzeitig von den Vorkommnissen im Lager zu benachrichtigen und ihnen bei ihren daraufhin entworfenen Plänen unbemerkt in die Hände zu arbeiten. Die Longebarden fügten auf diese Weise den Cyprioten wiederholt erheblichen Schaden zu, bei einem ihrer Ausfälle gelang es ihnen sogar die beiden hölzernen Belagerungstürme zu zerstören und ihre ganze Bedeckung niederzuhauen. Selbst Waffen verkaufte ihnen Rousseau, die er den königlichen Arsenalen entnahm, und schliesslich erklärte

---

*) Ph. d. N. C. 199: qui avoit nom Martin Rousseau; Fl. B. p. 100: un capo dei fanti, chiamato Martin Rosel.

er sich bereit, sobald einmal die cypriotischen Ritter in geringerer Zahl im Lager anwesend und keines Angriffes gewärtig seien, die Longebarden davon sofort zu benachrichtigen und bei ihrem Ausfalle gleichzeitig mit seinen Leuten über die Cyprioten herzufallen, um sie womöglich auf einen Schlag zu vernichten. Ein Zufall vereitelte die Ausführung des Komplottes. Die Belagerer fingen einen der Feinde ausserhalb der Burg, spannten ihn auf die Folter und erfuhren von ihm die ganzen Verhandlungen. Martin Rousseau hatte sich gerade an diesem Tage nach Nikosia begeben, um dort die Anfertigung neuer Waffen zu beaufsichtigen. Hier liess ihn Novaire auf Befehl des Herrn von Beirut nebst einem Mitschuldigen, einem königlichen Schützenmeister, festnehmen und sie unter Bedeckung ins Lager vor Cherines abführen*). Die Haute Cour, die hier alsbald zusammentrat, verurteilte die Verräter von Pferden zu Tode geschleift und hinterher an den Galgen gehängt zu werden. Das Urteil wurde auf der Stelle vollzogen und der Leichnam Martins zum Spott mit einer Wurfmaschine in die Burg von Cherines geschleudert.

War die geplante Verschwörung vom Herrn von Beirut glücklich abgewendet worden, so sollte ihn bald darauf ein anderer herber Verlust treffen. Eines Tages befahl Anselm de Brie eine Belagerungsmaschine an die Festungsmauern heranzurollen. Um die Ausführung zu beschleunigen, half er selbst seinen Leuten mit beim Schieben. Bei dieser Beschäftigung wurde er von einem starken Armbrustbolzen in den Oberschenkel getroffen; er aber liess sich dadurch in seinem Vorhaben nicht stören, brach das hervorragende Ende des Bolzens einfach ab und ruhte nicht eher, als bis sie das Werkzeug an seinen Platz geschafft hatten. Doch hier ver-

---

*) Ph. d. N. C. 199. spricht von mehreren Mitschuldigen: auci autres faiseors d'aubalestiers, qui estoyent homes liges le roy et consentant de ceste traïson; doch scheint dies nur eine falsche Lesart zu sein, da Amadi und Fl. Bustron übereinstimmend nur einen solchen angeben und letzterer die Stelle aus Ph. d. N. fast wörtlich übersetzt hat.

liessen ihn in Folge des Blutverlustes die Kräfte und er musste sich in sein Zelt tragen lassen. Darauf schafften sie ihn nach Nikosia in seine Wohnung, wo er über ein halbes Jahr krank daniederlag, da die Ärzte die in der Wunde stecken gebliebene Eisenspitze nicht zu finden vermochten; erst nach dieser langen Zeit glückte es ihnen dieselbe herauszuschneiden. Der Verwundete überlebte die Operation nur um zwei Tage; er starb nach unsäglichen Leiden in der Blüte seiner Jahre und wurde in der Sophienkirche zu Nikosia beigesetzt. Alle, die ihn kannten, betrauerten ihn tief, am meisten aber der Herr von Beirut, der ihn wie einen Sohn geliebt hatte und ihn wegen seiner glänzenden Tapferkeit „seinen rothen Löwen" zu nennen pflegte*).

Die Cyprioten liessen sich durch Anselms Verwundung von ihrem Sturm auf Cherines nicht abschrecken: Unter der persönlichen Führung Balian Ibelins, der vielleicht durch die in der Schlacht bei Agridi bewiesene Bravour die Gunst seines Vaters wieder erlangt hatte, drangen sie mit dem grössten Ungestüm gegen die Burg vor, während der Herr von Beirut mit seinen übrigen Söhnen gleichzeitig einen Augriff auf die Stadt unternahm, und legten auch einen Teil der Mauern in Trümmer, aber die Belagerten, für die im Falle einer Eroberung das äusserste auf dem Spiele stand, verteidigten sich mit Heldenmut und schlugen die Stürmenden auf allen Punkten ab. Die Söhne Ibelins trugen gefährliche Wunden davon und ihre Verluste waren ziemlich bedeutend. Diese vielen erfolglosen Kämpfe und Anstrengungen drückten allmählich sogar die unerschütterliche Zuversicht des Herrn von Beirut nieder; man hörte ihn damals sich zum ersten Mal beklagen über die schweren Prüfungen, die ihm das Geschick auferlegte. Insbesondere machte er es sich zum Vorwurf, dass er sich nicht der Assise von Belbeis,

---

*) Ph. d. N. C. 200; Fl. B. p. 100. Anselm de Brie wird von den alten Chronisten als das Ideal eines „Ritters ohne Furcht und Tadel" geschildert. cf. d. M. L. I, p. 232 f.

(einer Stadt in Unterägypten, unweit Kairo) erinnert und dadurch die Verwundung Anselm de Bries und seiner Söhne mit veranlasst habe*). Doch die tröstenden Zusprachen des Königs und seiner Freunde und ihre Opferwilligkeit verscheuchten seine trübe Stimmung bald wieder und die Erwägung, dass, bevor die Longebarden nicht gänzlich aus Cypern vertrieben wären, an einen dauernden Frieden, sowie an die Unabhängigkeit des Hauses und der Krone, wie er sie anstrebte, nicht zu denken sei, befestigten ihn in seinem Entschluss sich auf keinen Vergleich einzulassen und den Krieg erst mit der Übergabe von Cherines als beendigt anzusehen. Dieser Fall aber musste, wenn den Belagerten nicht Entsatz von aussen kam, über lang oder kurz mit Notwendigkeit eintreten, und es stand andererseits nicht zu befüchten, dass Kaiser Friedrich nochmals Verstärkungen nach dem Orient senden würde.

Als Filangieri und die beiden cyprischen Barone hülfesuchend zum Kaiser nach Apulien kamen, sah sich dieser durch die Feindseligkeiten mit seinem Sohne Heinrich und dem neuen lombardischen Städtebund gleichzeitig in Italien und Deutschland bedroht und deshalb auch nicht in der Lage seine Ansprüche im Orient mit Gewalt durchzusetzen. Unter solchen Umständen suchte er mit den syrischen Lehnsherrn ein gütliches Abkommen zu treffen und sandte deshalb den zur Zeit in Italien weilenden Bischof von Sidon, der ihm ganz ergeben war, mit darauf bezüglich Vorschlägen nach Syrien. Er sprach in den Briefen sein Bedauern aus, dass man seine wohlmeinenden Absichten missverstanden habe, dass er nicht daran dächte, die Rechte der dortigen Barone im geringsten zu verletzen und dass er ihren Wünschen

---

*) Dieses Gesetz, das König Amalrich I während seines Feldzuges gegen Ägypten erlassen hatte, gestattete den Lehnsträgern in gewissen Fällen ihre Beteiligung an einem Kampfe abzulehnen. Ph. d. N. C. 202: Le roy Amaury et ses homes fireut une assise que jamais chevaliers ne deüst n'i feïst suervise à afaire de ville ne de chasteau, ni en leuc que cheval nel peüst porter, se il ne fust assegié, ou sur son cors defendant.

gern entgegenkäme, wofern sie nur ihm und seinem Sohne die Treue bewahrten*). Wäre ihnen sein Stellvertreter Filangieri als Ausländer nicht genehm, so sei er bereit bis zur Mündigkeit des Königs Konrad einen aus ihrer Mitte als Bail einzusetzen, und zwar habe er dazu einen syrischen Ritter, Philipp Maugasteau, ausersehen, der zu Akkon residieren würde, während Filangieri in Tyros das Kommando führen solle. Dieser Maugasteau stammte allerdings von einer alten Kreuzfahrerfamilie ab, war aber als einer der eifrigsten Anhänger des Kaisers und intimer Freund des Marschalls den syrischen Feudalherrn von vornherein verdächtig und besass unter diesen leidenschaftliche Gegner, die ihn als einen eiteln verächtlichen Narren bezeichneten**). Trotz alledem gelang es dem Bischof von Sidon in Akkon den Herrn von Sidon und den Konnetable von Montbeliard für die Pläne des Kaisers zu gewinnen. Sie berieten eine ausserordentliche Versammlung in die Kirche von St. Croix zu Akkon, der auch der Patriarch Gerold von Jerusalem beiwohnte und erklärten sich hier bereit Maugasteau als kaiserlichen Regenten und Vertreter des Königs Konrad anzuerkennen und ihm den Eid der Treue zu leisten. Die Anwesenden erhoben keinen Widerspruch, das Evangelium wurde herbeigebracht, ein günstiger Abschluss schien erreicht, als das Unternehmen noch in der letzten Minute scheitern

---

*) Kaiser Friedrich hatte sich im November 1225 mit Isabella, — (oft auch fälschlich Jolantha genannt, cf. Röhricht, Beiträge etc. I, p. 60) — der Tochter des früheren Titularkönigs von Jerusalem, Johann von Brienne, nachmaligen Kaisers von Konstantinopel, vermählt. Da diese schon im April 1228 bei der Geburt ihres Sohnes Konrad gestorben war, beanspruchte Friedrich als Vertreter seines unmündigen Sohnes bis zu dessen Grossjährigkeit den Titel und die Rechte eines Königs von Jerusalem.

**) Ph. d. N. C. 205: c'estoit I. chevalier qui estoit à Sur et avoit nom Phelippe Maugasteau; Fl. B. p. 101: Filippo Malguastato in Acre. Il quale Filippo era vilissimo, et si dice che metteva belleti nel viso come fanno le donne, et era molto familiar del bailo di Sur.

sollte. Johann von Cäsarea, der junge Neffe Ibelins, hatte auf kurze Zeit das Lager vor Cherines verlassen und sich, wie Novaire berichtet, in Privatangelegenheiten nach Cäsarea begeben. Hier von den Vorgängen in Akkon in Kenntnis gesetzt, eilte er schleunigst dorthin, stürzte in die Kirche von St. Croix und trat gerade in dem Augenblick in die Versammlung, als die Vereidigung vor sich gehen sollte. Mit eindringlichen Worten suchte er die Versammelten von ihrem Vorhaben abzubringen und gab, als er auf heftigen Widerspruch stiess, kurz entschlossen Befehl die Glocke der Brüderschaft von St. Andreas zu läuten. Bei ihren Klängen stürzten ihre Mitglieder, die bereits seit dem frühen Morgen von den Vorgängen unterrichtet waren, was am deutlichsten auf eine geheime Verabredung hindeutet, denen sich dann noch ein grosser Teil der genuesischen Kolonie zugesellte, von allen Seiten bewaffnet herbei und drangen unter dem Ausrufe „Er sterbe! Er sterbe!" in die Kirche ein *). Die Versammlung stob aus einander, der Bischof von Sidon flüchtete sich in die Sakristei und wenn nicht Johann von Cäsarea, der beim Volke sehr beliebt war, die wütende Menge beschwichtigt hätte, so würden sowohl der Bischof wie der Herr von Sidon und der Konnetable ihr selbständiges Vorgehen mit dem Leben bezahlt haben.

Jedoch der Bischof liess sich durch diesen Fehlschlag noch nicht entmutigen. Auf den Bericht seines Neffen über den Vorgang hatte der Herr von Beirut die Leitung der Belagerung von Cherines seinem Sohne Balian übertragen und sich ebenfalls nach Akkon begeben. Hier gewährte er dem Bischof von Sidon auf seine Bitte eine private Zusammenkunft, bei welcher ihm dieser einen bis dahin verborgen gehaltenen Brief des Kaisers übergab und zugleich im Vertrauen mitteilte, dass derselbe das Vorgefallene von Herzen bedauere und nichts sehnlicher wünsche, als sich mit ihm

---
*) Ph. d. N. C. 205: Fl. B. p. 102.

wieder zu versöhnen. Er wolle ihn und seine Söhne mit Reichtümern und Ehren überhäufen, nur solle er ihm zur Wahrung des kaiserlichen Ansehens freiwillig entgegenkommen, damit es nicht etwa nachher hiesse der Kaiser wäre von ihm besiegt worden. Zu diesem Zweck schlüge er ihm vor sich an einen Ort zu begeben, wo die kaiserliche Regierung unbezweifelt anerkannt würde — z. B. nach Tyros — und hier in Gegenwart zahlreicher Zeugen die einfache Erklärung abzugeben: „Ich übergebe mich der Gnade des Kaisers, meines Herrn!"

Statt einer direkten Antwort erzählte Ibelin dem Bischof die Fabel vom leichtgläubigen Hirsch, der durch Schaden ungewarnt, auf Bitten des kranken Löwen immer wieder zu ihm in seine Höhle zurückgekehrt sei. Das erste Mal kam er bei der Begrüssung mit einer argen Schramme davon, das zweite Mal riss ihm der Löwe, als er ihn zärtlich umarmen wollte, ein grosses Stück Fell vom Halse und beim dritten Male frass er ihn vor lauter Liebe auf. — „Und dieses Beispiel", fügte Ibelin hinzu, „passe auch auf den Kaiser und ihn: zweimal sei er von diesem bereits hintergangen worden — zu Limassol und zu Nikosia — und mit genauer Not davon gekommen, begäbe er sich zum dritten Mal in seine Gewalt, so würde es ihm sicherlich nicht besser wie dem Hirsch ergehen. Deshalb zöge er es vor lieber in Sicherheit zu bleiben; geriete er aber durch einen unglücklichen Zufall in die Hände des Kaisers, so würde er sich bis zum letzten Blutstropfen verteidigen." Somit musste der Bischof auch diese Verhandlung erfolglos aufgeben. Nachdem der Herr von Beirut seine Angelegenheiten auf dem Festlande befriedigend geordnet und sich zum faktischen Herrn und Leiter der Kommune von Akkon gemacht hatte, setzte er seinen Neffen Johann von Cäsarea als seinen Stellvertreter ein und kehrte nach Cherines zurück.

Hier begannen die Longebarden nach Ostern 1233 ernstlich wegen der Übergabe zu unterhandeln. Die Belagerung hatte bereits über ein Jahr*) gedauert, die Lebensmittel gingen zu Ende und von Seiten des Kaisers durften sie auf keine Hülfe mehr hoffen. So kam denn durch die Vermittlung von Philipp de Novaire und Hernoul de Giblet zwischen beiden Parteien eine friedliche Vereinbarung zu Stande. Die Kaiserlichen übergaben Stadt und Burg mit dem gesammten Kriegsmaterial an Novaire, wogegen dieser sich im Namen des Königs verpflichtete die Besatzung wohlbehalten mit ihrer persönlichen Habe nach Tyros zu schaffen. Hier sollten die während des Krieges beiderseits gemachten Gefangenen unter der persönlichen Aufsicht des Herrn von Beirut ausgewechselt werden. Die Abmachungen wurden gewissenhaft ausgeführt. Der Herr von Beirut begab sich mit seinen Gefangenen nach Akkon und in der Mitte des Weges zwischen Akkon und Tyros, in der Nähe von Kasal-Imbert fand der Austausch statt.

---

*) Est. de Er. p. 402: Li sieges fu devant Cherines tres que apres la Pasque (3. April 1233), et lors fu faite fin etc.; Ph. d. N. C. 209: Le siege dou chasteau de Cherines dura plus d'un an. Die Übergabe von Cherines wäre demnach nicht gleich nach Ostern, sondern frühestens Ende Juni oder noch später erfolgt, da sie erst Mitte Juni 1232 nach der Schlacht bei Agridi begonnen hatte; auch Amadi giebt die Dauer der Belagerung (nach d. M. L. I, p. 299 Anm. 4) auf „über ein Jahr" an; v. Löher lässt p. 174 dieselbe „fast zwei Jahre lang" dauern und die Übergabe erst nach Ostern 1234 erfolgen. Aber aus dem Dokumente bei d. M. L. II, p. 56 f., auf welches er sich dabei stützt, und das ein Schutz- und Trutzbündnis zwischen den Cyprioten und Genuesen auf 5 Jahre enthält, abgeschlossen am 2. Dezember 1233 zu Nikosia, geht nicht im geringsten hervor, dass es zum Zwecke der Eroberung von Cherines eingegangen worden sei, wie jener p. 173 annimmt. Dass die Übergabe dieser Festung vielmehr schon im Jahre 1233 erfolgte, wird zum Überfluss auch von den Annales de Terre Sainte, red. B, p. 15 bezeugt: A. M et CC et XXXII, alerent li Lumbart en Cypre par le consel de Amauri Barlais, et Ameri de Bessam, et de Hue de Gibelet, si que le sire de Barut et ses deus enfans alerent après, et les desconfirent, et ce fu la seconde bataille de Cypre ... A. M et CC et XXXIII ... fu rendus li chastiaus de Cherines au seigneur de Baruth.

Mit der Übergabe von Cherines verloren die Kaiserlichen den letzten Punkt, den sie noch auf Cypern besessen hatten, ohne dass es ihnen gelungen wäre, trotz der noch Jahre lang in Syrien fortdauernden Kämpfe auf der Insel wieder festen Fuss zu fassen, und damit war auch für immer das schwache politische Band zerrissen, welches seit den Tagen König Amalrichs I und Kaiser Heinrichs VI die Insel Cypern mit Deutschland verknüpft hatte.

Vita.

Natus sum Hans Benno Mueller Halis Saxonum die XIII ante Kal. Februar. anni h. s. LXV patre Carolo (Karl Müller von Halle), matre Henrietta e gente Hanf, ex quibus matrem puero mihi morte praematura ereptam esse semper lugebo. Fidei addictus sum evangelicae. Primis litterarum elementis imbutus Gymnasium civicum Halense adii, unde autumno anni LXXVI maturitatis testimonium adeptus Tubingam me contuli, ubi per duo semestria linguis cum classicis quas vocant, tum orientalibus operam navavi. Sequenti hieme Lipsiae inter cives academicos commoratus sum. Deinde in civitatem universitatis Halensis receptus per tria semestria in studia philologica et historica incubui, quibus peractis mense Decembri anni LXXX examen pro facultate docendi sustinui. Initio sequentis anni in Graeciam iter ingressus sum, quod in libro qui inscribitur „Griechische Reisen und Studien", Leipzig 1887, accuratius descripsi. Inde ab autumno anni LXXXII usque ad autumnum anni LXXXV praeceptorum Gymnasii civici Halensis collegio aggregatus in ordinibus inferioribus praecipue linguam latinam, in superioribus linguam hebraicam docui. Tum negotiis publicis postpositis homo privatus vitam degi nec per hoc tempus non scripta complura confeci, ex quibus unius mentionem facio quod inscribitur „Das Verhältnis des Neugriechischen zu den Romanischen Sprachen," Leipzig 1888.